Prof. Dr. med. Klaus-Dieter Kolenda
Sylvia Schuch

Fettarm kochen – gesund essen

Prof. Dr. med. Klaus-Dieter Kolenda
Sylvia Schuch

Fettarm kochen – gesund essen

Grundzüge und Praxis
Mit 180 schmackhaften Rezepten

4. Auflage

Unter Mitarbeit von Tina Raschke

Mit einem Geleitwort von
Prof. Dr. med. Manfred J. Müller

schlütersche

Bibliografische Information der Deutschen Nationalbibliothek
Die Deutsche Nationalbibliothek verzeichnet diese Publikation in der Deutschen Nationalbibliografie; detaillierte bibliografische Daten sind im Internet über http://dnb.ddb.de abrufbar.

ISBN 978-3-89993-570-7

Anschrift der Autoren:
Prof. Dr. med. Klaus-Dieter Kolenda
Diätassistentin Sylvia Schuch
Ostseeklinik Schönberg-Holm
An den Salzwiesen 1
24217 Schönberg

Fotos:
Kerker + Baum: 18
Erwin Neu: 25, 34
MEV: 5, 19, 20, 21, 22, 26, 27, 30, 37, 38, 43, 45, 46, 56, 60, 61, 62, 82, 89, 90, 97, 106, 107, 120, 122, 124, 132, 133, 140, 143, 145, 146 oben, 154, 158, 161, 166, 173, 176, 178, vordere Umschlagklappe innen, hintere Umschlagklappe innen
Peter Meyer (aid): 14
MH Foto Design: 62, 66, 109, 110, 136, 141, 146 unten, 149, 175, 183
Ostseeklinik Schönberg-Holm: 48, 50, 54, 55, 59, 69, 71, 73, 77, 80, 91, 99, 101, 144, 150, 151, 152, 156, 160, 163, 171, 181, 204, 207
fotolia: unpict 159; Xenia1972 95
Corbis: Titelbilder

Gestaltung	Schlütersche Verlagsgesellschaft mbH & Co. KG, Hannover
Satz:	Die Feder, Konzeption vor dem Druck GmbH, Wetzlar
Druck und Bindung:	Grafisches Centrum Cuno GmbH & Co. KG, Calbe

Inhalt

Geleitwort

Die Veränderung des Lebensstils ist eine entscheidende Maßnahme zur Prävention und Behandlung ernährungsabhängiger Erkrankungen wie der koronaren Herzkrankheit, dem Diabetes mellitus Typ 2, der Hypertonie und dem ihnen zugrunde liegenden Problem der Adipositas. Diese Erkrankungen sind als nicht übertragbare Erkrankungen für mehr als 50 % der Todesfälle in Deutschland verantwortlich.

Prospektive Untersuchungen aus den USA und auch Europa zeigen, dass ein Lebensstil, der durch ein normales Körpergewicht, regelmäßige körperliche Aktivität, lebenslanges Nichtrauchen, eine vitaminreiche und fettarme Ernährung und moderaten Alkoholkonsum charakterisiert ist, dazu beiträgt, bis zu 80 % der Fälle der koronaren Herzkrankheit, 70 % der Fälle von Schlaganfall sowie nahezu 90 % der Fälle von Typ-2-Diabetes zu vermeiden. Diese im Vergleich zu den Erfolgen medizinischer Maßnahmen (z. B. der medikamentösen Senkung des Cholesterinspiegels) sehr beeindruckenden Ergebnisse haben zu der Formulierung so genannter »population-goals« für Ernährung und Lebensstil durch die Gesundheitsexperten der EU geführt.

Die Empfehlungen zur Prävention der heute häufigsten chronischen Erkrankungen beruhen auf wissenschaftlicher Evidenz und sind somit abgesichert.

Bei Patienten mit fortgeschrittener koronarer Herzkrankheit haben sich auch darüber hinausgehende Maßnahmen (z. B. weitergehende Einschränkung der Fettaufnahme) als erfolgreich erwiesen. So konnten Dean Ornish und Larry Scherwitz bereits in den 1980er Jahren im Rahmen ihres groß angelegten San Francisco-Life-Style-Heart Trials (Lancet 336, 129–133, 1990 sowie JAMA 274, 894–901, 1995 und JAMA 280, 2002–2007, 1998) überzeugend belegen, dass eine einschneidende Lebensstilveränderung, welche durch Rückzugsphasen, Training der Ausdauerleistung, das Erlernen von Techniken der Stressbewältigung, sehr fettarme Ernährung (Fettgehalt unter 10 % der Energieaufnahme) und regelmäßige Gruppensitzungen der Teilnehmer bei vielen Patienten zu einer Rückbildung der Atherosklerose und der Herzkranzgefäßen sowie zu einer Verbesserung des Stoffwechsels im Herzmuskel führt. Die von Dean Ornish vorgeschlagene Lebensstil- und Ernährungsumstellung wirkt aus deutscher Sicht sehr extrem:

Die dem deutschen Verbraucher gewohnte und auch traditionell etablierte Lebensmittelauswahl weicht von diesen Empfehlungen sehr ab. Dieses hat die Akzeptanz der so genannten Ornish-Diät sowohl bei Patienten als auch bei ihren Ärzten von vorneherein negativ beeinflusst. Ornish-Diäten konnten sich trotz ihrer überzeugenden klinischen Wirksamkeit in Deutschland bisher nicht durchsetzen.

Es ist das Verdienst von Prof. Klaus-Dieter Kolenda und seinen Mitarbeitern, eine auf deutsche Ernährungsgewohnheiten abgestimmte, streng fettarme Ernährung im Rahmen eines Lebensstilprogramms Patienten mit fortgeschrittener koronarer Herzkrankheit während ihrer Rehabilitation in der Ostseeklinik

Änderung des Lebensstils und KHK: »The Life Style-Heart-Trial«: Intervention und Ernährung

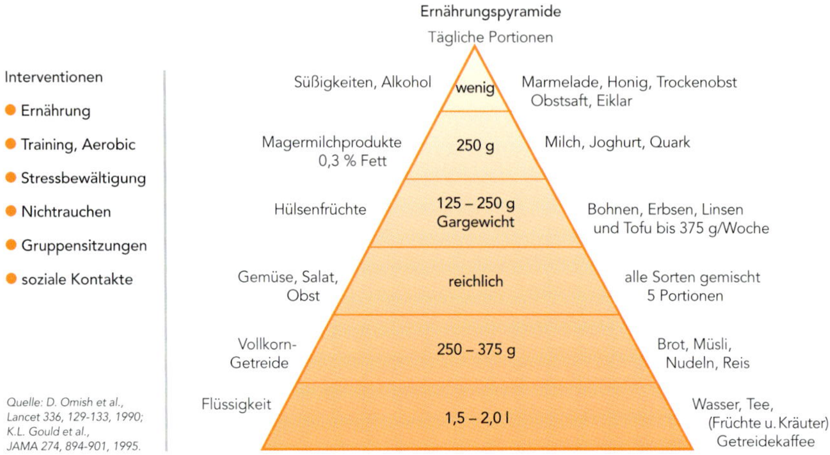

Quelle: D. Omish et al., Lancet 336, 129-133, 1990; K.L. Gould et al., JAMA 274, 894-901, 1995.

Schönberg-Holm anzubieten. Prof. Kolenda und seine Mitarbeiter können inzwischen auf eine jahrelange praktische Erfahrung verweisen. Diese zeigt, dass eine streng fettarme Ernährung auch unter Berücksichtigung der in Deutschland üblichen Ernährungsgewohnheiten erfolgreich realisiert werden kann.

Das vorliegende Buch ist ein großer Schatz an Erfahrungen, die nicht nur dem Patienten, sondern auch anderen Ärzten in der Praxis und in Reha-Kliniken Mut machen sollten, die Chance in der Sekundärprävention der koronaren Herzkrankheit zu ergreifen.

Die voreilige Ablehnung von fettarmen Diäten muss angesichts der Erfolge der Ostseeklinik Schönberg-Holm verwundern, sie ist einfach nicht mehr zeitgemäß. Angesichts der wissenschaftlichen Datenlage und der praktischen Erfahrungen kann ich den Patienten mit koronarer Herzkrankheit das tägliche Motto von Dean Ornish empfehlen »Mach Dein Herz auf und lass das Lächeln zu«. Jeder Tag bietet eine neue Chance. Eine sehr fettarme Ernährung ist eine Chance für einen Patienten mit fortgeschrittener Atherosklerose. In diesem Sinne ist das vorliegende Buch notwendig und hilfreich.

Ich wünsche dem Buch und seinen Lesern viel Erfolg.

Univ. Prof. Dr. med. M. J. Müller
Institut für Humanernährung
und Lebensmittelkunde
Christian-Albrechts-Universität zu Kiel

Vorwort zur 1. Auflage

Warum ist fettarme Ernährung gesund?

Neuere Untersuchungen haben gezeigt, dass bei ansteigender Häufigkeit ungefähr jeder 2. erwachsene Bundesbürger übergewichtig* und jeder 5. adipös* ist, nur ein Drittel ist normalgewichtig*. Bei einer Adipositas ist die Sterblichkeit deutlich erhöht, bei Männern mit einem BMI über 35 um etwa das 3-fache.

Als Ursache für die erhöhte Sterblichkeit adipöser Menschen kommen mehrere Erkrankungen in Frage, die häufig in Verbindung mit deutlichem Übergewicht auftreten. Dazu gehören u. a. die Herzkranzgefäßverengung (koronare Herzkrankheit), der Schlaganfall, die Zuckerkrankheit (Diabetes mellitus Typ 2), der Bluthochdruck und Krebserkrankungen wie z. B. Dickdarmkrebs. Die Wahrscheinlichkeit, an Diabetes mellitus zu erkranken, ist bei adipösen Männern um das 40-fache und bei adipösen Frauen um das 90-fache im Vergleich zu Normalgewichtigen erhöht. Große Untersuchungen haben ergeben, dass 64 % der Männer und 77 % der Frauen eine Zuckerkrankheit erspart geblieben wäre, hätten sie ihr Normalgewicht gehalten. Auch weitere Erkrankungen wie eine Schlafapnoe und verschleißbedingte Erkrankungen der Wirbelsäule und der großen Gelenke sind deutlich mit der Adipositas assoziiert. So ist beispielsweise das Risiko, eine Arthrose an Knie oder Hüfte zu bekommen, bei adipösen Frauen bis zum 10-fachen erhöht.

Neben genetischen Faktoren spielt vor allem der Lebensstil eine wesentliche Rolle bei der Entstehung von Übergewicht und Adipositas. Durch sitzende Tätigkeit sinkt der Energieverbrauch, andererseits verstärkt energiereiche Nahrung die Fettanlagerung. Der verminderte Energieverbrauch des modernen Menschen sowie der erhöhte Nahrungskonsum vor dem Fernseher und indirekt auch der Einfluss der Werbung für Nahrungsmittel wird heute als wichtige Ursache der deutlichen Gewichtszunahme bei Erwachsenen und Kindern diskutiert. Gewichtszunahme ist übrigens in allen westlichen Industriestaaten zu beobachten.

Dass schon eine Gewichtsabnahme von 5–10 % zu einer deutlichen Abnahme der bekannten Risikofaktoren für chronische Herzerkrankungen wie Bluthochdruck, Diabetes und Fettstoffwechselstörung führt, ist gut belegt, ebenso, dass eine gewollte Gewichtsabnahme die Sterblichkeit deutlich vermindert. Aber wie lässt sich das Körpergewicht dauerhaft senken?

Es gibt eine Unzahl von Diäten, mit denen man zweifellos kurzfristig das Körpergewicht um 5–10 % oder mehr senken kann. Die Erfahrung zeigt jedoch, dass diese kalorienreduzierten Diäten häufig nur vorübergehend erfolgreich sind und zu einem Jo-Jo-Effekt Anlass geben. Thomas Ellrott und Volker Pudel** haben 1997 überzeugend dargelegt, dass neben regelmäßiger körperlicher Aktivität und diätetisch-verhaltenstherapeutischen Maßnahmen eine fettarme Kost am ehesten dazu

* Normalgewicht: BMI (kg/m²) = 18,5–24,9
Übergewicht: BMI (kg/m²) = 25–29,9
Adipositas: BMI (kg/m²) = über 30

** siehe Literaturangaben S. 206

geeignet ist, eine dauerhafte Gewichtsreduktion einzuleiten und aufrecht zu erhalten. Kohlenhydrathaltige Lebensmittel wie Gemüse, Kartoffeln, Obst, Brot, Nudeln und Reis sind bei dieser Kost nicht begrenzt. Die durchschnittliche Gewichtsabnahme unter einer solchen Kost ist davon abhängig, wie viel Fett individuell eingespart werden kann. Unter normalen Bedingungen ist beim Austausch der gewohnten fettreichen durch eher fettarme oder fettreduzierte Lebensmittel eine Gewichtsabnahme von ca. 1 kg pro Monat möglich. Bei einer derartigen Kost muss man nicht hungern. Das Kalorienzählen erübrigt sich.

Weiterhin haben mehrere Untersuchungen, z. B. von Dean Ornish und Mitarbeitern* gezeigt, dass durch umfassende Lebensstil-Veränderungen, zu denen auch eine fettarme Kost gehört, die Herzkranzgefäßverengung einschließlich der Herzengebeschwerden zur Rückbildung gebracht werden kann. Im Übrigen ist eine fettarme und zugleich ballaststoffreiche Ernährung eine wichtige Maßnahme, um Krebserkrankungen, besonders den Dickdarmkrebs, zu vermeiden.

In unserer Klinik haben wir in den letzten Jahren mit fettarmen und kohlenhydratliberalen Kostformen bei Patienten mit Herzkranzgefäßverengung, Bluthochdruck, Zuckerkrankheit, Fettstoffwechselstörungen, Schlafapnoe und verschleißbedingten Erkrankungen der Wirbelsäule und der großen Gelenke sehr gute Erfahrungen gemacht. Vielen Patienten ist es nicht schwer gefallen, sich auf eine derartige Kost dauerhaft umzustellen. Andere haben für ihr langfristiges Ernährungsverhalten wichtige Anregungen bekommen. Diese Erfahrungen möchten wir mit dem vorliegenden Buch weitergeben.

Der Hauptteil des Buches besteht aus einer Sammlung von 180 fettarmen und schmackhaften Rezepten, die sich in unserer Lehrküche und in unserem Speisesaal bewährt haben und mittlerweile von vielen Patienten nachgefragt werden.

Professor Dr. med.
Klaus-Dieter Kolenda
Ostseeklinik Schönberg-Holm,
im Oktober 2004

* siehe Literaturangaben S. 206

Vorwort zur 4. Auflage

Die im Frühjahr 2008 veröffentlichten Ergebnisse der nationalen Verzehrstudie II, der ersten umfassenden Untersuchung der Ernährungsgewohnheiten in Gesamt-Deutschland, sind alarmierend. Die Studie ergab, dass 66 % der Männer und 51 % der Frauen übergewichtig oder adipös sind*. 20 % der Männer und 21 % der Frauen sind adipös und sogar 19 % der Jungen und 16 % der Mädchen im Alter zwischen 14 und 17 Jahren sind ebenfalls übergewichtig oder adipös. Je höher der Schulabschluss, desto geringer war bei Männern und Frauen der BMI. So sind 27 % der Probanden mit Volks- und Hauptschulabschluss adipös, aber nur 13 % mit Fach- oder Hochschulreife.

Die entscheidende Ursache für diese Gewichtszunahme sehen Schusdziarra und Mitarbeiter** nicht in einer fehlerhaften Nahrungsaufnahme im Sinne einer Essstörung, sondern in einer Fehlanpassung des Essverhaltens an ein Adipositas-förderndes Umfeld. Oder einfacher gesagt: Fünf Millionen Jahre lang galt in der menschlichen Evolutionsgeschichte die Devise „Bewegung garantiert – Essen vielleicht." Seit 40 bis 50 Jahren gilt in den Industrieländern für die meisten Menschen: „Essen garantiert – Bewegung vielleicht". Es wird eine Ernährung mit zu hoher Energiedichte (zu fett und zu kalorienreich) bevorzugt, außerdem ist ein hoher Konsum von Alkohol und zuckerhaltigen Getränken zu verzeichnen. Andererseits ist die Notwendigkeit zu körperlicher Aktivität bei der Berufstätigkeit, im Haushalt und in der Freizeit drastisch gesunken.

Die meisten Menschen leben heute in den Industrieländern hinsichtlich der Ernährung in einer „Überflussgesellschaft". Sie können sich relativ preisgünstige, energiedichte Lebensmittel, Snacks und Süßigkeiten leisten, deren Konsum noch dazu mit ausgefeilter Werbung gefördert wird. Weiterhin ist zu berücksichtigen, dass die natürliche Regulation von Hunger und Sättigung durch Vorstellung und Wissen über besonderen Geschmack, Geruch und Aussehen bestimmter Speisen leicht überspielt wird, wie jeder aus eigener Erfahrung weiß. Auch geselliges Zusammensein im Familien- und Freundeskreis kann die verstandesmäßig gesteuerte Hemmschwelle zum Überkonsum leicht senken. Diese Betrachtungsweise erklärt, warum es in den Industrieländern in den letzten 40 Jahren zu einem massenhaften Auftreten der Adipositas und damit besonders auch des Diabetes mellitus Typ 2 und anderer Folgeerkrankungen gekommen ist – und nicht in den unterentwickelten Ländern, in denen heute noch ein bedeutender Teil der Bevölkerung hungert.

Hinsichtlich der Regulation von Hunger und Sättigung sind in den letzten Jahren eine Reihe neuer und wichtiger Erkenntnisse gewonnen worden, die für die Ernährungstherapie von großer Bedeutung sind. Durch die Nahrung während der Mahlzeit kommt es zu einem Dehnungsreiz im Magen, der dem Gehirn (Hypothalamus) über den Nervus vagus Sättigung signalisiert. Das entsprechende Sättigungsgefühl entsteht im Gehirn auf-

* siehe Fußnote S. 9

** siehe Literaturangaben S. 206

grund der Ausschüttung von bestimmten Botenstoffen innerhalb von 30 bis 45 Minuten und hält drei bis vier Stunden an. Nach Abklingen des Dehnungsreizes im Magen wird von der Magenwand das Hormon Ghrelin ausgeschüttet, das im Gehirn über die Ausschüttung einer Gruppe anderer Botenstoffe wieder das Hungergefühl entstehen lässt. Die Bedeutung der Magenfüllung für Hunger und Sättigung wird unterstrichen durch die Beobachtung, dass Patienten, denen man operativ den Magen entfernt hat, weder ein Hunger- noch ein Sättigungsgefühl entwickeln können.

Aufgrund der Untersuchungen von Schusdziarra und Mitarbeitern* wissen wir heute, dass die sättigende Nahrungsmenge, die aufgrund der geschilderten Mechanismen von Hunger und Sättigung auf drei Mahlzeiten pro Tag verteilt werden sollte, durchschnittlich etwa 1200 g pro Tag beträgt. Das entspricht ca. dreimal 400 g pro Mahlzeit. Voraussetzung für das Abnehmen bei Adipositas ist unter diesen Bedingungen eine Ernährungsumstellung, die zu einem Energiedefizit führt, sodass Fettgewebe eingeschmolzen werden kann. Das ist am einfachsten mit einer möglichst fettarmen Kost erreichbar, die viel Gemüse, Kartoffeln und Obst enthält und aufgrund der großen Nahrungsmenge einen guten sättigenden Effekt hat. Als Getränke sind kalorienlose Flüssigkeiten zu empfehlen, da Flüssigkeiten im Gegensatz zu einer weit verbreiteten Auffassung nicht sättigen, da sie nur kurze Zeit im Magen verweilen und deshalb nicht zur Dehnung des Magens und zur Aktivierung von Sättigungssignalen führen. Kalorienhaltige Flüssigkeiten sind deshalb nie Sattmacher, sondern immer nur Dickmacher.

Übergewichtige bzw. Adipöse müssen neu lernen, mit dem Überangebot an Nahrungsmitteln besser umzugehen. Sie müssen lernen, aus der Fülle der angebotenen Nahrungsmittel sich diejenigen auszusuchen, die ihnen einerseits schmecken, andererseits aber fett- und energiearm sind und zur Sättigung beitragen. Durch eine entsprechende Ernährungsumstellung lässt sich bei gut motivierten Personen eine Gewichtsreduktion von ½–1 kg pro Monat ohne große Schwierigkeiten erreichen. Dieser Effekt kann durch eine regelmäßige körperliche Aktivität, die zu einem vermehrten Energieverbrauch führt, verstärkt werden. Dazu ist erforderlich, sich täglich 30–60 Minuten aktiv zu bewegen, z. B. in Form von Spazieren gehen, Walking, Fahrrad fahren, Schwimmen oder auch Ski-Wandern.

Professor Dr. med.
Klaus-Dieter Kolenda
Ostseeklinik Schönberg-Holm,
im Dezember 2008

* siehe Literaturangaben S. 206

Bausteine fettarmer, gesunder Ernährung

Unsere Nahrung besteht aus Eiweiß, Fett und Kohlenhydraten (= energieliefernde Nährstoffe/Hauptnährstoffe) sowie Mineralstoffen, Spurenelementen, Ballaststoffen, sekundären Pflanzenstoffen und Wasser (= nicht energieliefernde Nährstoffe/Wirkstoffe).

Die meisten Lebensmittel enthalten diese Nährstoffe in unterschiedlicher Menge. Daher benötigen wir viele verschiedene Lebensmittel und auch in einer bestimmten Kombination, um den menschlichen Körper mit allen diesen lebensnotwendigen (= essenziellen) Nährstoffen zu versorgen. Dies bedeutet, die Lebensmittel täglich abzuwechseln, um über die Woche verteilt alle notwendigen Nährstoffe in ausreichender Menge zuzuführen. Nur so lassen sich Körper und Geist gesund und leistungsfähig erhalten.

Werden ein oder mehrere Nährstoffe über längere Zeit nur in unzureichendem Maß oder in zu großer Menge aufgenommen, reagiert der Körper mit Mangelerscheinungen oder Krankheiten. Letzteres hängt von den Speichermöglichkeiten unseres Körpers ab. So können z. B. fettlösliche Vitamine dem Leberspeicher für kurze Zeit entnommen werden, wogegen wasserlösliche Vitamine nicht gespeichert werden.

Kalorien sparen durch Austausch der Hauptnährstoffe

Begrenzt können Kohlenhydrate und in sehr geringem Maß auch Eiweiß gegen Fette als Energielieferanten ausgetauscht werden.

Wichtig ist dabei das ausgewogene Verhältnis der drei Hauptnährstoffe untereinander.

Eiweiß:
= ca. 12–15 % der Tagesenergiemenge (ca. 70 g)

Fett:
ca. 15 bis max. 25 % der Tagesenergiemenge (ca. 40–50 g)

Kohlenhydrate:
ca. 60–70 % der Tagesenergiemenge (= restlicher Energiebedarf)

Eine Kalorienersparnis wird durch den teilweisen Austausch von Fett gegen Kohlenhydrate erreicht.

1g Eiweiß und 1 g Kohlenhydrate liefern jeweils ca. 4 Kcal. Fett dagegen enthält mit ca. 9 Kcal pro Gramm mehr als doppelt so viele Kalorien. Jedes Gramm Fett, das Sie durch die richtige Kohlenhydratart ersetzen, spart viele Kalorien, so dass „Kalorienzählen“ überflüssig wird.

Wichtig ist vor allem die richtige Zusammensetzung der Hauptnährstoffe.

Die Hauptnährstoffe sind unterschiedlich aufgebaut:

Eiweiß besteht aus verschiedenen Aminosäuren, Fett aus Glycerin und unterschiedlichen Fettsäuren und Kohlenhydrate aus verschiedenen Zuckermolekülen.

Unsere Lebensmittel enthalten neben diesen Bausteinen auch Begleitstoffe, wie Cholesterin und Harnsäure/Purine (z. B. Fleisch, Fisch), die bei übermäßigem Verzehr zu gesundheitlichen Beeinträchtigungen führen können, wie z. B. Gicht und/oder erhöhte Blutcholesterinwerte. Bei moderatem Verzehr liefern diese Lebensmittel alle notwendigen Nährstoffe. Einige Lebensmittel sind nur Energieträger (z. B. Zucker, Weißmehlprodukte), die keine Vitamine und Mineralstoffe oder Ballaststoffe enthalten und damit Übergewicht und Fettsucht mit Folgeerkrankungen, wie z. B. den Diabetes mellitus, erhöhte Bluttriglyceridwerte und/oder Bluthochdruck begünstigen.

Die richtige Zusammensetzung besteht aus:

Eiweiß:
ca. 2/3 pflanzlich, 1/3 tierisch

Fett:
ca. 2/3 pflanzlich, 1/3 tierisch

Kohlenhydrate:
komplexe Kohlenhydrate, ballaststoffreich

Entscheidend ist also die richtige Menge und Kombination der verschiedenen Nährstoffe. Ist dies gegeben, werden keine Mangelzustände auftreten, da die daraus folgende Lebensmittelauswahl, -menge und -zubereitung gleichzeitig

Lebensmittel angeordnet nach dem Ernährungskreis der DGE (vergl. Tabelle auf S. 15)

Günstige Auswahl und Menge an Lebensmitteln

(enthält im Durchschnitt ca. 50 g Fett am Tag)

Gruppe 1 Getreide, Vollkornprodukte	täglich ca. 5 Scheiben Vollkornbrot (250 g) 1 Portion Reis oder eifreie Nudeln (50–80 g roh) oder Getreide oder 1 Portion Kartoffeln (250 g = 3 mittelgroße)
Gruppe 2 Gemüse	täglich mind. 1 Portion Gemüse (250 g) und mindestens 2 Portionen Salat und/oder Rohkost (ca. 75 g)
Gruppe 3 Obst	täglich 2–3 Stücke Obst (200–250 g)
Gruppe 4 Milch etc.	täglich 2–3 Portionen fettarme Milch/Milchprodukte (z. B. 1 Glas Milch 1,5% und 150 g Joghurt 0,1–1,5% Fett und 2 Scheiben (à 30 g) fettarmer Käse bis max. 30% Fett i.Tr.) sowie 200 g Magerquark
Gruppe 5 Fleisch, Fisch, Ei	2 Portionen Seefisch (ca. 100–150 g) pro Woche (z. B. Hering, Lachs oder Makrele) max. 1 Portion mageres Fleisch (à 100 g) pro Woche 1–2 Portionen magere Wurst oder Schinken ohne Fettrand (à 30 g) pro Woche max. 3 Eier pro Woche für Gesunde (inkl. versteckter Eier in Lebensmitteln); günstig ist die Verwendung von cholesterinarmem Ei-Ersatz bei Patienten mit hohem Cholesterin
Gruppe 6 Öl, Fett, Zucker	täglich max. 20 g Streichfett, z. B. 2 TL/20 g Diäthalbfettmargarine (besser auf Streichfett verzichten) und 1 EL Oliven- oder Rapsöl oder Nussöl max. 30 g Zucker (inkl. versteckter Zucker) oder 3 Vollkornkekse oder 1 kleines Stück Obstkuchen täglich (= Luxusbedarf)
Gruppe 7 Getränke	täglich mind.1,5–2 l Trinkflüssigkeit (z. B. Mineralwasser, Kräuter- und Früchtetees, Fruchtsaftschorlen 1:3)

den Bedarf an Vitaminen, Mineralstoffen, Spurenelementen und Ballaststoffen sowie sekundären Pflanzenstoffen deckt.

Der Ernährungskreis

Der Ernährungskreis der Deutschen Gesellschaft für Ernährung (DGE) gibt einen Überblick, in welcher Menge wir Lebensmittel aus den einzelnen Lebensmittelgruppen auswählen können.

Günstige Eiweißträger auswählen

Eiweiß (Protein) wird vom menschlichen Körper als Baustoff benötigt, auch wenn es mit ca. 4 Kcal. pro Gramm Energie liefert. Das Nahrungseiweiß wird in verschiedene körpereigene Eiweiße umgebaut, z. B. zum Aufbau und Erhalt von Muskeln und Organen, zum Aufbau von Enzymen und Hormonen, es ist notwendig für das Immunsystem und die Transportfunktionen im Blut.

Die kleinsten Eiweiß-Bausteine sind die verschiedenen Aminosäuren, deren Art und Menge über die Qualität oder auch die „biologische Wertigkeit" entscheidet. Eine hohe biologische Wertigkeit hat tierisches Eiweiß, da die Aminosäurezusammensetzung dem menschlichen Eiweiß sehr ähnelt. Andererseits liefern tierische Eiweißquellen wie Fleisch, Wurst, Fisch, Eier, Käse, Milch- und Milchprodukte auch ungünstige Begleitstoffe wie Purine/Harnsäure, Cholesterin und tierisches Fett.

Fazit:

Weniger tierisches Eiweiß und mehr hochwertiges pflanzliches Eiweiß
Mehr Vollkornbrot, Getreide, Kartoffeln und Hülsenfrüchte sowie Gemüse und Obst essen, ergänzt durch wenig tierisches Eiweiß.

Durch die sinnvolle Kombination pflanzlicher und tierischer Eiweiße lässt sich eine bedarfsdeckende vollwertige Eiweißzufuhr erreichen.

Diese **überwiegend vegetarische Kost** enthält weniger ungünstige Begleitstoffe, aber viele Ballaststoffe, Vitamine und Mineralstoffe.

Einen günstigen »Ergänzungswert« haben z. B.:

Getreide und Milch	Müsli, Getreidebratling, Getreidepfanne mit Kräuter-Joghurt-Soße
Weizen und Milch	Vollkornpfannkuchen, Vollkornbrot mit Käse, Getreidebratling
Mais und Milch	Vollkornkornflakes mit Milch
Kartoffeln und Ei	400 g Kartoffeln und 30 g Vollei oder Milch z. B. im Auflauf
Hülsenfrüchte und Getreide	Linsensuppe mit Vollkornbrot, Hirse-Bohnen-Pfanne

Es empfiehlt sich, fettarme tierische Eiweißträger auszuwählen!

Da in den westlichen Industrieländern zu viel tierisches Eiweiß verzehrt wird, treten Stoffwechselerkrankungen wie die Gicht immer häufiger auf. Der Eiweißüberschuss wird in Fett umgebaut. Beim Abbau von Eiweiß entsteht Ammoniak, der als Harnstoff über den Urin ausgeschieden wird.

Die richtige Art und Menge an Fett und Fettstoffen

Wir neigen dazu, täglich fast die doppelte Menge an Fett zu essen, die unser Körper benötigt. Dies erfolgt meist in Form versteckter Fette aus tierischen Lebensmitteln wie Fleisch, Wurst, Sahne, Käse, aber auch aus Süßigkeiten, Knabbereien (Chips & Co) und Gebäck (Kuchen und Kekse). Hinzu kommen die sichtbaren Fette wie Streichfett (Butter, Margarine) sowie Kochfette (Schmalz, Öle).

Fettmenge

1 g Fett mit ca. 9 Kcal/g liefert mehr als doppelt so viel Energie wie vergleichbare Mengen Eiweiß und Kohlenhydrate. In kleiner Lebensmittelmenge steckt also viel Energie. Auf eine reduzierte Fettzufuhr, vor allem an tierischen Fetten, reagiert der Körper mit Fettabbau und einer Verminderung der Blutfett- und der Harnsäurewerte.

Fett wird andererseits aber auch zum Einbau in Körperzellen, als Träger der fettlöslichen Vitamine (A, D, E und K), als Lipidschicht der Haut und als Organfett benötigt.

Wir decken den Bedarf an der lebensnotwendigen Linol- und Linolensäure, einer mehrfach ungesättigten Fettsäure, über die Randschichten von Vollgetreide (z. B. Vollkornbrot) und rein pflanzlichen Ölen. Des Weiteren sind rein pflanzliche Öle immer cholesterinfrei und enthalten gesundheitsförderliche Fettsäuren.

Fett macht fett!

Reduzieren Sie die Fettzufuhr am Tag auf 40 bis maximal 50 g.

Dabei ist nicht nur die Menge an Fett, sondern die Art des Fettes oder Öles entscheidend.

Fettarten

Fett besteht aus Glycerin und Fettsäuren. Alle Fette und Öle enthalten unterschiedliche Anteile der chemisch verschieden aufgebauten Fettsäuren. Dadurch entfalten tierische und pflanzliche Fette und Öle eine differenzierte Wirkung in unserem Körper, obwohl der Energiegehalt gleich ist.

Gesättigte Fettsäuren (GFS)

Tierisches Fett besteht überwiegend aus gesättigten Fettsäuren, genauso wie gehärtete Pflanzenfette, z. B. Palmkern- und Kokosfett (Plattenfette). Auch zur Herstellung von Fertigprodukten sowie Gebäck, Süßigkeiten und Knabbereien werden gehartete pflanzliche Fette verwendet (siehe Zutatenliste auf der jeweiligen Verpackung).

Dabei dienen gesättigte Fettsäuren fast ausschließlich der Energielieferung und können direkt ins Fettgewebe eingelagert werden. Außerdem begünstigt gesättigtes Fett die Erhöhung von Triglycerid- und Cholesterinwerten sowie des Bluthochdrucks.

Auch können Zucker und Stärke zu gesättigtem Fett umgebaut und im Fettgewebe abgespeichert werden.

Einfach ungesättigte Fettsäuren (EUFS)

Sie besitzen die gleiche Energie wie die gesättigten Fettsäuren und können auch leicht ins Fettgewebe eingelagert werden.

Mit einer fettarmen Kost (bis max. 25 % Fett der Tagesenergiemenge) mit geringem Anteil an gesättigten Fettsäuren und hohem Anteil an ungesättigten, besonders der einfach ungesättigten Fettsäuren, können Blutfettwerte gesenkt und arteriosklerotische Herz-Kreislauf-Erkrankungen günstig beeinflusst bzw. frühzeitig vermieden werden.

Reich an EUFS sind Rapsöl, Olivenöl und Nussöle (Erdnussöl), die als Kochfett oder für Salate empfehlenswert sind.

Mehrfach ungesättigte Fettsäuren (MUFS)

Die mehrfach ungesättigten Fettsäuren kann unserer Körper nicht selber bilden. Daher müssen wir sie mit der Nahrung aufnehmen. Eine ausreichende Zufuhr an Omega-6-Fettsäuren, wie aus der Linolsäuregruppe, erhalten wir durch den Keimling in Vollkornprodukten, die Verwendung von 20 g Diäthalbfettmargarine oder 10 g Raps- oder Olivenöl. Die Omega-3-Fettsäuren der Linolensäuregruppe finden wir in Fischölen und Raps- sowie Sojaöl.

Reich an diesen Fischölen sind Hering, Lachs und Makrele, die 1–2 Mal pro Woche auf dem Speiseplan stehen sollten.

Nachweislich helfen die Omega-3-Fettsäuren, Blutfette und Bluthochdruck zu senken sowie Schübe von entzündlichen Gelenkerkrankungen, wie Rheuma und Arthritis, zu mildern.

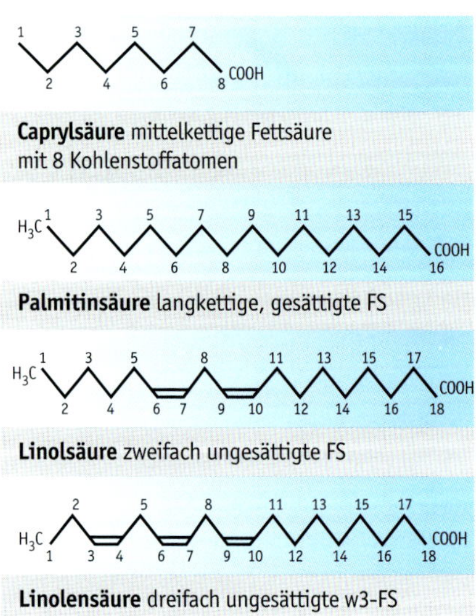

Verschiedene Fettsäuren

Cis- und Trans-Fettsäuren

Die mehrfach ungesättigten Fettsäuren kommen in einer bestimmten chemischen Form vor, der „Cis-Fettsäure". Durch starkes Erhitzen und der Fetthärtung verändert sich die „Cis-Fettsäure" in eine „Trans-Fettsäure". Diese sind in geringer Menge von Natur aus auch in Milchprodukten enthalten. Außerdem sind gehärtete Fette Bestandteil von vielen Lebensmitteln wie Fertigprodukte, Plattenfette, Gebäck sowie „fast food". Eine geringe Aufnahme von Trans-Fettsäuren ist unbedenklich.

Größere Mengen an Trans-Fettsäuren können gefäßschädigend wirken und zur Entstehung von arteriosklerotischen Herz-Kreislauf-Erkrankungen beitragen. Daher ist es günstig, den Gehalt an Trans-Fettsäuren niedrig zu halten, indem wenig von den genannten Lebensmitteln verzehrt wird.

Cholesterin

Dieser Fettstoff gehört zur Stoffklasse der Sterine und ist somit dickflüssig. Er kommt in allen tierischen und menschlichen Geweben vor. Cholesterin ist Begleitstoff von ausschließlich tierischen Fetten und Ölen und kann bei übermäßiger Zufuhr die Blutcholesterinwerte ansteigen lassen. Von besonderer Bedeutung ist aber auch, dass im menschlichen Körper aus gesättigten Fettsäuren (GFS) Cholesterin gebildet wird.

Max. 300 mg Cholesterin pro Tag (= z. B. 1 Eigelb) sollten mit der Nahrung zugeführt werden, da die Leber ca. 600 mg körpereigenes Cholesterin pro Tag herstellt. Bei zu hohen Cholesterinwerten sollten nicht mehr als 150 mg Cholesterin täglich mit der Nahrung zugeführt werden, damit die Leber überschüssiges Cholesterin abbauen kann. Auch bei Übergewicht und Fettsucht ist eine Zufuhr von max. 150 mg Cholesterin pro Tag empfehlenswert.

Cholesterinreiche Lebensmittel sind z. B. Eigelb, Innereien, Schalen- und Krustentiere, Fleisch, Fisch, Wurst, Käse, Milch und Milchprodukte.
Grundsätzlich gilt: Je fettreicher ein Lebensmittel ist, desto cholesterinreicher ist es.
Ausnahme: Schalen- und Krustentiere (z. B. Krabben, Tintenfischringe, Shrimps) sind fettarm, aber reich an Cholesterin.

Eins plus Drei gleich ein Ei

Das Eigelb ist eine wahre Cholesterinbombe, die man entschärfen kann. Besonders dann, wenn Sie gelegentlich gern mal ein Stück Fleisch genießen möchten, ihre Cholesterinwerte aber erhöht sind. Dann ist es empfehlenswert, ein cholesterinarmes Ei-Ersatzpulver zu verwenden, welches im Reformhaus erhältlich ist.

Die Verwendung:
1 gehäufter Esslöffel Ei-Ersatzpulver und 3 Esslöffel lauwarmes Wasser verrühren und ca. 5 Min. ausquellen lassen. Dies entspricht einem verquirlten mittelgroßen Hühnerei.

Sattessen an Lebensmitteln mit komplexen Kohlenhydraten

Bei einer fettarmen Ernährung sollten Sie reichlich Vollkornbrot, Getreide (z. B. Flocken, Müsli, Vollkornreis, Wildreis, Hirse und Quinoa), Kartoffeln, Hülsenfrüchte, Gemüse und Obst essen.

Diese bestehen aus verdaulichen (energieliefernden) Kohlenhydraten und unverdaulichen Ballaststoffen.

Verdauliche Kohlenhydrate liefern hauptsächlich Energie. Zum Beispiel können Gehirn, Nervensystem und Erythrozyten nur aus Glucose Energie gewinnen. Unsere Muskulatur verbrennt überwiegend Kohlenhydrate, ist aber auch in der Lage, aus Fetten und Eiweißen Energie zu gewinnen.

Der kleinste Baustein der Kohlenhydrate ist die Glucose (Einfachzucker/Monosaccarid). Die meisten Kohlenhydratarten sind aus Glucosemolekülen aufgebaut. Unterschiedlich ist nur die Kettenlänge der verknüpften Glucose, die im

Magen-Darm-Trakt in einzelne Glucosemoleküle gespalten und ins Blut aufgenommen werden.

Traubenzucker (Glucose) ist genauso wie der Haushaltszucker und Honig (Zweifachzucker/Disaccharid) leicht löslich. Diese Zucker erhöhen den Blutzucker schnell. Der hohe Blutzuckerspiegel löst eine verstärkte Insulinausschüttung aus. Insulin schleust die Glucose in die Zellen. In Folge sinkt der Blutzucker schnell ab, Heißhunger sowie Leistungstiefs können entstehen. Der überschüssige, in die Körperzellen geschleuste Zucker wird in Fett umgebaut und abgespeichert.

Reich an Mono- und Disacchariden ist Obst. Es ist die optimale kalorienarme Süßigkeit für Zwischendurch. Im Gegensatz zu Zucker und Süßigkeiten liefert Obst neben den leicht aufnehmbaren Kohlenhydraten auch Vitamine, Mineralstoffe und Ballaststoffe. Diese sitzen meist in bzw. direkt unter der Schale. Bei Leistungstiefs gibt Obst Ihnen die fehlende Energie zurück. Daher sollten diese Fitmacher möglichst roh und mit Schale verzehrt werden.

Der Vitamin- und Mineralstoffgehalt in Obst ist niedriger als in Gemüse, mit Ausnahme von Vitamin C (Zitrusfrüchte, Kiwis, Beerenobst), der Energiegehalt jedoch höher.

Vorsicht bei Samen und Schalenobst: Nüsse, Sonnenblumenkerne, Kürbiskerne und Leinsamen gehören durch den hohen pflanzlichen Fettanteil zu den kalorienreichsten Lebensmitteln. Auch Zucker, Honig, Sirup, Obstdicksäfte, Limonaden, Colagetränke und Fruchtsäfte sollten sparsam verzehrt werden.

Vollkornprodukte, Getreide und Gemüse sind reich an verdaulichen, komplexen Kohlenhydraten und den unverdaulichen Ballaststoffen. Komplexe Kohlenhydrate enthalten lange Glucoseketten (= Stärke), die durch die Anwesenheit von Ballaststoffen nur sehr langsam im Magen-Darm-Trakt in einzelne Glucosemoleküle gespalten werden. Dies bewirkt eine kontinuierliche Glucosezufuhr und -aufnahme über das Blut und einen gleichmäßigen Blutzuckerspiegel. Der Körper wird über längere Zeit ausreichend mit Energie versorgt, wobei der Insulinspiegel niedrig bleibt.

Reichlich Ballaststoffe zuführen

Ballaststoffe sind unverdauliche Faser- und Gerüstsubstanzen, die nur in pflanzlichen Lebensmitteln wie Vollkornprodukten, Gemüse, Hülsenfrüchten und Obst vorkommen. Für den Menschen sind sie unverzichtbar, da sie im Körper wichtige Aufgaben erfüllen:

- Ballaststoffe regen zum Kauen an, so dass eher langsam gegessen wird.

- Bis zur Sättigung essen Sie nicht so viel im Vergleich zu ballaststoffarmen Lebensmitteln.
- Durch ihr hohes Quellvermögen sättigen Ballaststoffe lang anhaltend, ohne nennenswerte Kalorien zu enthalten.
- Ballaststoffe verbessern die Zusammensetzung der Darmflora.
- Außerdem vergrößern sie durch Quellen das Stuhlvolumen im Dickdarm und führen zu einer geregelten Darmtätigkeit.
- Im Verdauungstrakt binden sie giftige Substanzen.
- Die Nährstoffe werden besser ausgenutzt.
- Ballaststoffe beugen Darmerkrankungen vor, wie z. B. Divertikel (= Aussackungen der Darmwand) und Dickdarmkrebs.
- Ballaststoffe helfen, den Cholesterinspiegel zu senken.
- Starke Blutzuckerschwankungen werden durch Ballaststoffe vermieden.
- Es wird Leistungs- und Konzentrationstiefs sowie Heißhunger vorgebeugt.

Günstig ist die Aufnahme von mind. 30 g Ballaststoffen pro Tag. Dies wird durch den Verzehr von z. B. 4–5 Scheiben Vollkornbrot sowie mind. 5 handvoll bunt gemischtes Gemüse, Salat und Obst erreicht.

Mineralstoffe und Spurenelemente beachten

Mineralstoffe und Spurenelemente liefern dem Körper keine Energie. Da sie wichtige Wirk- sowie Regelfunktionen besitzen, sollten Sie diese Stoffe in ausreichender Menge mit der Nahrung zuführen.

Mineralstoffe kommen mengenmäßig am häufigsten im Körper vor (Mengenelemente) und werden täglich in Grammmengen von unserem Körper benötigt. Spurenelemente haben einen geringen Anteil am anorganischen Vorkommen in unserem Körper und werden im Milli- oder Mikrobereich benötigt. Eine Ausnahme ist das Eisen, das durch den Bedarf von 10–15 mg täglich zu den Spurenelementen zählt, aber durch größere Eisenspeicher im Körper vertreten ist.

Mineralstoffe

Zu den Mengenelementen gehören Natrium und Kalium, Calcium und Phosphor sowie Magnesium. Natrium und Kalium sowie Calcium und Phosphor sind Gegenspieler (Antagonisten), die je nach Verhältnis zueinander den Stoffwechsel beeinflussen:

Natrium und Kalium regulieren den Wasserhaushalt und die Muskeltätigkeit. Problematisch ist die hohe Natriumaufnahme in Form von Kochsalz (Natriumchlorid), da bei der Herstellung von Brot, Käse und Wurst Kochsalz zugefügt wird und fast alle anderen Lebensmittel von Natur aus Natrium enthalten.

Eine hohe Natriumaufnahme begünstigt die Entstehung von Wassereinlagerungen im Gewebe und Bluthochdruck. Günstig ist die Aufnahme von

max. 6 g Kochsalz pro Tag. Dies wird durch die sehr sparsame Verwendung von (jodiertem) Speisesalz und durch die Vermeidung von salzreichen Lebensmitteln wie Pökelwaren, Konserven und Fertigprodukten erreicht. Als Getränk eignen sich natriumarme Mineralwässer.

Kalium fördert Wasserauslagerungen, verbessert die Muskeltätigkeit und kann Bluthochdruck günstig beeinflussen. Der Bedarf liegt bei mind. 2 g pro Tag. Kaliumreich sind Vollkornprodukte, Getreide, Hülsenfrüchte, Kartoffeln, bestimmte Gemüsesorten (z. B. Brokkoli, Fenchel, Grünkohl) und Obst (z. B. Trockenobst, Banane, Aprikose).

Calcium und Phosphor beeinflussen Aufbau und Erhaltung von Knochen und Zähnen. Calcium ist auch an der Muskelkontraktion und der Blutgerinnung beteiligt. Eine Aufnahme von 800–1000 mg pro Tag für einen Erwachsenen ist wünschenswert, da dies der Osteoporose (Knochenerweichung) im höheren Alter vorbeugt. Calciumreich sind Milch, Milchprodukte, vor allem Käse (unabhängig vom Fettgehalt!), einige Gemüsesorten (Grünkohl, Brokkoli, Fenchel) sowie calciumreiche Mineralwässer.

Der Bedarf von mind. 800 mg wird gedeckt durch ca. 2 Scheiben fettarmen Käse und 2–3 Portionen Milchprodukt pro Tag. Diese Lebensmittel, vor allem Schnittkäse, besitzen ein optimales Calcium-Phosphor-Verhältnis von ca. 1 : 1,2. Die Calciumaufnahme über den Darm wird durch Vitamin C/Ascorbinsäure gefördert (Müsli mit Obst, Joghurt mit frischem Obst).

Die Phosphoraufnahme ist hierzulande bei den üblichen Ernährungsgewohnheiten zu hoch. Phosphorreich sind z. B. Fertigprodukte, Colagetränke und Schmelzkäse. Werden die Empfehlungen für die Hauptnährstoffe umgesetzt (s. S. 13), führt das automatisch zu einer moderaten Phosphorzufuhr.

Magnesium ist am Aufbau von Knochen sowie an der Muskelarbeit und dem Wasserhaushalt vieler Enzyme beteiligt. Ein Mangel kann zu Wadenkrämpfen führen. Der Bedarf von ca. 3,5–4,5 mg pro kg Körpergewicht und Tag wird mit einer fettarmen vollwertigen Kost gut gedeckt. Magnesiumreich sind z. B. Getreide, Vollkornprodukte, Bananen und Trockenfrüchte sowie magnesiumreiche Mineralwässer.

Spurenelemente

Lebensnotwendige Spurenelemente sind Eisen, Zink, Mangan, Kupfer, Selen, Chrom, Molybdän, Kobalt, Jod und Fluor. Außer bei Eisen, Fluor und Jod wird der genaue Bedarf noch erforscht. Die bisher bekannten Schätzwerte für den täglichen Bedarf werden durch die fettarme Ernährung gedeckt.

Eisen wird für den Sauerstofftransport im Blut benötigt. Zur Bildung der Erythrozyten sind aber auch Vitamine (Folsäure und Vitamin B 12) notwendig. Den Eisenbedarf decken die Randschichten in Vollgetreideprodukten, besonders Hirse und Quinoa sowie die grünen Gemüsesorten wie Grünkohl, Feldsalat, Brokkoli und Fenchel. Zitronensaft, an das Gemüse gegeben, erhält nicht nur die Farbe, sondern verbessert auch die Eisenaufnahme ins Blut.

Fluor wird zum Einbau in Zähne und Knochen benötigt. Günstig decken Sie Ihren Bedarf durch fluoriertes Speisesalz und Trinkwasser.

Jod benötigt die Schilddrüse zur Bildung wichtiger, stoffwechselregulierender Hormone. In der Bundesrepublik Deutschland herrscht Jodmangel. Daher sollte 1–2 Mal pro Woche Seefisch gegessen und jodiertes Speisesalz verwendet werden. Kaufen Sie bevorzugt Lebensmittel, die mit jodiertem Speisesalz hergestellt wurden, wie Vollkornbrot, fettarmer Käse und Wurst.

Vitaminreiche Nahrungsmittel auswählen

Vitamine sind im menschlichen Körper an vielen Stoffwechselvorgängen als Reaktionsbeschleuniger beteiligt. Sie ermöglichen erst, dass viele chemische Vorgänge im Körper ablaufen.

Da der Organismus die Vitamine größtenteils nicht selber bilden kann, müssen sie mit der Nahrung aufgenommen werden. Dabei wird zwischen fettlöslichen und wasserlöslichen Vitaminen unterschieden. Die fettlöslichen Vitamine kann der Körper speichern und sich bei zeitweilig zu geringer Zufuhr daraus bedienen. Sie können nur in Verbindung mit Fett durch die Darmwand ins Blut geschleust werden.

Ein Mangel an wasserlöslichen Vitaminen kann schon nach wenigen Tagen auftreten, da wasserlösliche Vitamine nicht speicherbar sind.

Fettlösliche Vitamine

Fettlösliche Vitamine werden auch bei fettarmer Ernährung in ausreichender Menge aufgenommen, da sie eine ausreichende Fettmenge und vor allem die richtige Fettqualität aufweist.

Vitamin A ist an der Funktion von Haut und Schleimhäuten beteiligt. Mangelzustände zeigen sich in schlechterem Dämmerungssehen und der „Nachtblindheit". Lebensmittel tierischer Herkunft enthalten überwiegend Vitamin A. Vor allem besitzen jedoch gelblich bis rötliche Gemüse- und Obstsorten die Vorstufe von Vitamin A, das Beta-Carotin. Der Körper baut Beta-Carotin zu Vitamin A um. Carotinoide besitzen auch die Fähigkeit, „freie Radikale" im Körper einzufangen. Freie Radikale können durch Stress, Rauchen und schädliche Umwelteinflüsse entstehen und mit einigen Stoffen im Körper schädliche, agressive und krebserregende Verbindungen eingehen.

Durch eine fettarme vollwertige Ernährung entstehen weder Mangel noch

Überschuss, da überwiegend pflanzliches Beta-Carotin und ergänzend Vitamin A über tierische Lebensmittel zugeführt werden. Vitamin A wird in der Leber gespeichert. Häufiger Leberverzehr oder auch die regelmäßige Einnahme von Vitamin A-haltigen Präparaten können zu einer Überdosierung von Vitamin A führen, die sich in Knochenveränderungen, Entzündungen oder Blutungen im Gewebe äußert sowie die Leber langfristig schädigen kann.

Vitamin D wird vom Körper durch Umwandlung von Cholesterin mittels UV-Strahlung in der Haut selbst gebildet. Selbst bei wolkenbehangenem Himmel reicht die UV-Strahlung zur Bedarfsdeckung aus. Mangelerkrankung ist die Rachitis („Englische Krankheit") bei Kindern und die Knochenerweichung (Osteoporose). Vitamin D fördert die Einlagerung von Calcium in die Knochen. Es ist in Milchprodukten sowie fetteren Fischen enthalten.

Vitamin E gilt wie die Carotinoide als Antioxidanz zum Einfangen freier Radikale. Ihm wird gegenüber Krebs und Arteriosklerose eine vorbeugende Wirkung zugeschrieben. Außerdem ist es Bestandteil aller Zellmembranen. Vitamin E kommt in Lebensmitteln vor, die mehrfach ungesättigte Fettsäuren enthalten (Hering, Lachs, Makrele, Oliven-, Raps- und Sojaöl). Unter Berücksichtigung der Empfehlungen hinsichtlich der Hauptnährstoffe deckt die fettarme vollwertige Kost den Bedarf ausreichend.

Vitamin K fördert die Blutgerinnung. Für Patienten, die blutgerinnungshemmende Mittel (z. B. Marcumar®) einnehmen, ist eine moderate Vitamin K-Zufuhr empfehlenswert, da das Blut dünnflüssig bleiben soll. Vitamin K-reiche Lebensmittel wie Sauerkraut und Grünkohl sollten diese Patienten selten und in geringen Mengen verzehren sowie auf eine abwechslungsreiche, aber gleichbleibende Menge an Gemüse- und Salatportionen achten.

Durch den Verzehr von reichlich Gemüse und Salat wird der Bedarf bei Gesunden hinreichend gedeckt.

Wasserlösliche Vitamine

Die bekanntesten Vertreter der wasserlöslichen Vitamine sind die Vitamin-B-Gruppe und das Vitamin C.

Vitamin C-Mangel kann sich in Zahnfleisch- und Magen-Darm-Blutungen (Skorbut) sowie Appetitlosigkeit äußern. Vitamin C schützt den Körper ebenfalls vor freien Radikalen und unterstützt die Widerstandskraft vor Krankheiten, wahrscheinlich über das Immunsystem. Vitamin C-reich sind Kartoffeln, Gemüse (Kohl, Paprika, Brokkoli) und Obst (Zitrusfrüchte, Kiwi). Für die empfohlene Zufuhr von bis zu 150 mg pro Tag sollten Sie reichlich Kartoffeln, Gemüse, Salat und Obst essen.

Die Vitamin B-Gruppe besteht aus unterschiedlichen Verbindungen mit zentraler Bedeutung für verschiedenste Stoffwechselvorgänge, überwiegend in der Haut, den Haaren und den Nerven. Vitamin B-reich sind pflanzliche Lebensmittel wie Vollkornprodukte, Getreide, Gemüse, Hülsenfrüchte und Kartoffeln. Diese Lebensmittel sind in der fettarmen vollwertigen Kost in reichlicher Menge vorhanden, so dass kein Mangel auftreten kann.

Eine Ausnahme bildet Cobalamin (B12), da es überwiegend in tierischen Lebensmitteln wie Fleisch, Eigelb und Milch sowie in Milchprodukten vorkommt.

In der fettarmen Ernährung wird der Bedarf an Vitamin B12 durch den Verzehr von fermentierten pflanzlichen Lebensmitteln wie Sauerkraut und milchsauer eingelegtem Gemüse und durch fettarme Milch- und Milchprodukte gedeckt.

Schwangere und Stillende haben einen sehr hohen Bedarf an Folsäure, der selbst mit reichlichen Gemüseportionen nicht gedeckt wird. Auch der Bedarf an Eisen und Jod steigt fast um das Doppelte an. Selbst bei ausgewogener Mischkost mit frischen Lebensmitteln sollte mit dem Arzt über eine Ergänzung gesprochen werden.

Sekundäre Pflanzenstoffe

Darunter sind Pflanzenbegleitstoffe wie z. B. Farb- und Aromastoffe sowie Carotinoide, Flavonoide und Schwefelverbindungen zu verstehen, deren Bedeutung für den menschlichen Körper erst in jüngster Zeit erkannt worden ist. Diese mehr als 10.000 bekannten bioaktiven Substanzen sind zwar nicht lebensnotwendig, üben aber im Körper gesundheitsförderliche Wirkungen aus. Sie verbessern die Aufnahme von Vitaminen und Mineralstoffen über den Darm und tragen zur Vorbeugung von Herz-Kreislauf-Erkrankungen sowie Krebserkrankungen bei. Auch Blutzucker- und Cholesterinwerte sowie der Blutdruck können positiv beeinflusst und das Immunsystem gestärkt werden. Da die fettarme Ernährung eine überwiegend vegetarische Kost ist, werden reichlich sekundäre Pflanzenstoffe aufgenommen.

Getränke einschließlich Alkohol

Wasser ist für alle Lebensvorgänge notwendig. Wir benötigen es als Baustoff und als Lösungs-, Transport- und Kühlmittel. Ca. 2,5 Liter gibt unser Körper täglich über Schweiß, Atemluft und Nieren ab. Bis zu 1 Liter Flüssigkeit enthält die feste Nahrung. Daher sollten Sie täglich mindestens 1,5 Liter Flüssigkeit trinken. Richtige Durstlöscher sind natriumarme, calciumreiche Trink- und Mineralwässer, Kräutertees, Früchtetees und verdünnte Obst- und Gemüsesäfte (Mineralwasser: Saft im Verhältnis 3:1 gemischt). Cola, Limonaden und Fruchtnektare/-saftgetränke eignen sich wegen des hohen Zuckergehaltes nicht als Durstlöscher. Schwarzer Tee, grüner Tee und Kaffee wirken harntreibend und enthalten viel Koffein (bzw. Teein). Daher sollten Sie max. 3–4 Tassen Kaffee, schwarzen oder grünen Tee täglich genießen. Diese Menge können Sie auf die Trinkflüssigkeitsmenge von 1,5 l anrechnen!

Achten Sie auf ausreichende Trinkflüssigkeit. Viele Menschen verspüren kaum Durst. Im Alter lässt das Durstgefühl nach. Erstellen Sie sich einen Trinkplan, wann, wo, was und wie viel Sie trinken! Bei Sport, Fieber, schwerer körperlicher Arbeit, in Schwangerschaft und Stillzeit oder bei der Gewichtsreduktion sollte die Flüssigkeitsmenge weiter erhöht werden.

Ein Wort zum Alkohol

Alkohol gehört zu den Genussmitteln. In geringen Mengen wirkt er anregend, aber auch entspannend sowie verdauungsfördernd. Es wird außerdem diskutiert, ob Bier und Rotwein Substanzen enthalten, die antiatherogen wirken. Jedoch begünstigt Alkohol durch den hohen Kaloriengehalt (1 g = ca. 7 Kcal) Übergewicht bzw. Fettsucht. Außerdem hemmt Alkohol die Fettverbrennung und erschwert damit die Gewichtsreduktion. Langfristiger und regelmäßiger Konsum von Alkohol begünstigt Fettstoffwechselstörungen, Gicht, Krebs, Diabetes, die Entstehung einer Fettleber und kann zur Abhängigkeit führen.

Trinken Sie nicht regelmäßig große Mengen Alkohol, sondern genießen Sie gelegentlich in Gesellschaft oder zu einem guten Essen Alkohol in Maßen.

Übersicht über die Lebensmittelauswahl

Richtlinien für eine fettarme und gesunde Ernährung

Täglich:

Sie können aus folgenden Lebensmitteln ohne Mengeneinschränkung wählen:

- Vollkornbrot, Vollkornbrötchen, Knäckebrot, Vollkorntoast
- Rohkost und Salate
- Gemüse, roh oder fettarm zubereitet
- Kartoffeln, Vollkornreis, Vollkornnudeln
- Vollkornprodukte, z. B. Getreideflocken, Hirse, Buchweizen, Quinoa, Dinkel, etc.
- Obst (möglichst frisch)
- Magerquark

Hinzu kommen täglich folgende Lebensmittel in begrenzter Form:

- pikanter Brotbelag in fettreduzierter Form (2 Scheiben à max. 30 g), z. B. Käse mit max. 30 % Fett i.Tr., fettreduzierte Wurst/Aufschnitt (< 5 % Fett) oder vegetarischer Belag
- 300 g Milchprodukte, mager oder teilentrahmt, z. B. Milch mit 1,5 % Fett, Joghurt mit 1,5 % Fett oder Buttermilch
- 2 EL Konfitüre, Honig oder Sirup (max. 30 g)
- max. 20 g Diäthalbfettmargarine (besser auf Streichfett ganz verzichten)
- max. 10 g Oliven- oder Rapsöl für die Zubereitung (für Dressings und zum Garen)

Wöchentlich:

In Ergänzung dieser Grundlage kommen pro Woche noch hinzu:

- 2 x 150 g Seefisch (z. B. Hering, Lachs, Makrele, Seelachs, Dorsch, Scholle, Rotbarsch)
- 2–3 x 100 g mageres Fleisch (z. B. Huhn, Pute)

Bei dieser ballaststoffreichen Kost ist es wichtig, ausreichende Mengen zu trinken.

Fettarme Zubereitung der Speisen

Durch nährstoffschonende Garmethoden wie Dünsten und Dämpfen, Garen im Römertopf, Bratfolie und -schlauch sowie Alufolie erhalten Sie den Eigengeschmack der Lebensmittel, so dass Sie nur sehr wenig Fett benötigen. Eine geringe Menge an Fett reicht aus, die fettlöslichen Aromastoffe aus den Lebensmitteln hervortreten zu lassen. Würzen Sie reichlich mit Kräutern und reinen Gewürzen, um den Geschmack zu unterstreichen und abwechslungsreich zu gestalten. Sie sparen neben Salz auch Fett ein und erhalten mehr Vitamine und Mineralstoffe. Kräuter und Gewürze wirken appetitanregend und verdauungsfördernd. Gemüsebrühpulver ist geschmacksintensiver als Salz. Gemüsebrühpulver enthält auch noch ca. 70 % Salz, so dass Sie dies anstelle von Salz verwenden können. Achten Sie beim Einkauf auf einen hohen Gehalt an Jod im Speisesalz. Wenn Sie Fleisch essen möchten, ist es günstig, Hühnchen und Pute ohne Haut sowie magere Fleischteile (Filet, Rücken, Ober- und Unterschale, Blume/Nuss) zu bevorzugen. Zum Braten eine beschichtete Pfanne verwenden oder die leicht erhitzte Pfanne mit Oliven- oder Rapsöl auspinseln. Oder braten Sie mit Mineralwasser. Grillen Sie Fleisch in Fettpfännchen, in die das Fett abtropfen kann und schneiden Sie hinterher den Fettrand ab. Auflaufformen brauchen Sie wegen der Beschichtung nicht einzufetten. Zum Backen ist fettaufsaugendes Backpapier, um Fett einzusparen, besonders gut geeignet.Lassen Sie bei der Herstellung von Brühen, Suppen und Soßen den Fond erkalten und schöpfen Sie das Fett ab. Soßen lassen sich gut aus püriertem Gemüse herstellen und mit fettarmer Milch oder mit Mineralwasser angerührtem Magerquark verfeinern. Binden Sie den Bratenfond mit Johannisbrotkernmehl anstelle einer Mehlschwitze.

Info:

Johannisbrotkernmehl

Johannisbrotkernmehl besteht aus den gemahlenen Samen der Johannisbrotfrucht (Frucht des Affenbrotbaumes) und enthält überwiegend lösliche Ballaststoffe. Durch das Ausquellen in Flüssigkeiten wird eine Bindung erreicht. Da Johannisbrotkernmehl fast keine Energie (Kcal) liefert, kann ein weiterer Kalorienspareffekt erzielt werden. Außerdem kann es durch den Gehalt an löslichen Ballaststoffe den Blutfettspiegel günstig beeinflussen. Für Diabetiker ist Johannisbrotkernmehl zum Binden von Suppen und Soßen geeignet: Es enthält keine anrechenbaren Kohlenhydrate und kann wesentlich zum Normalisieren des Blutzuckerspiegels beitragen. Die Verwendung von Johannisbrotkernmehl ist einfach: Dadurch, dass keine Stärke enthalten ist, entfällt das Aufkochen. Jedoch benötigt das Binden mehr Zeit: Kalte Speisen benötigen bis zu einer halben Stunde, warme Speisen 5 Min. Johannisbrotkernmehl ist sparsam zu dosieren, da schon 1 g (= 1 Messlöffel) bis zu 250 ml Soße bindet. Für Tortenguss benötigen Sie 8 g auf 500 ml Flüssigkeit, bei Dessert z.B. einer Grütze auf die gleiche Menge nur 4 g. Sie erhalten Johannisbrotkernmehl in der Apotheke, im Reformhaus sowie in gut sortierten Supermärkten. Zuerst scheint es teuer in der Anschaffung, durch die sparsame Dosierung ist es jedoch sehr ergiebig. Geläufigste Handelsnamen sind „Nestargel“, „Biobin“, „Alevita Bindefix“ oder auch „LeParfait“.

Beispiel für einen Tageskostplan

Nach der folgenden Tabelle lässt sich ein Tageskostplan mit gesunder und fettarmer Ernährung gestalten. Sind Sie auf Kantinenessen angewiesen oder haben keine Möglichkeit, mittags eine warme Mahlzeit einzunehmen, tauschen Sie einfach das Mittagessen durch das Abendessen aus.

Tageskostplan	
Frühstück	1/2 Vollkornbrötchen mit 1 EL Magerquark und Honig oder Kräuter 1/2 Vollkornbrötchen mit 1 EL Magerquark und Konfitüre oder Kräuter 1 Scheibe Vollkornbrot mit Tomate und 1 Scheibe Käse 30 % Fett i.Tr. 2 Tassen Kaffee mit fettarmer Milch 1,5 % Fett 1 Glas Orangensaftschorle
Zwischenmahlzeit	1 Apfel 1 Glas Mineralwasser oder Tee oder Gemüsesaft
Mittagessen	1 Teller gemischter Salat mit fettarmem Joghurt-Dressing (s. Rezept S. 61) 1 Grünkernbratling mit 1 Scheibe Ananas und 1 Scheibe Käse 30 % Fett i. Tr. überbacken (s. Rezept S. 111) 1–1 1/2 Tassen gekochter Naturreis 1 große Portion Brokkoli Soße: 1 TL Öl, 1/2 Zwiebel, 30 g Apfel, 50 ml Orangensaft, 2 EL Milch mit max. 1,5 % Fett, Curry, Pfeffer (Garen u. Pürieren), Kräuter
Dessert	Fruchtquarkspeise (s. Rezept S. 176) 1 Glas Apfelsaftschorle
Zwischenmahlzeit	2 Scheiben Knäcke mit Magerquark und Konfitüre bestrichen oder 1 Stück fettarmer Kuchen oder 3 bis 4 fettarme Kekse 1 Tasse Kaffee mit Kondensmilch 4 % Fett oder fettarmer Milch 1,5 % Fett
Abendessen	1 Scheibe Vollkornbrot dünn mit magerem Kräuterquark bestrichen und 1 Scheibe Käse 30% Fett i.Tr. 1 Scheibe Vollkornbrot dünn mit Senf bestrichen, belegt mit 1 Scheibe Putenbratenaufschnitt und 1/2 Paprika roh 1 kl. Teller Gurkensalat (1 TL Olivenöl, 3 EL Wasser, 1 TL Essig, Kräuter, Gewürze) 2 Tassen Früchte- oder Kräutertee
Spätmahlzeit	1 Teller Gemüsesticks mit Joghurt-Dip (150 g Magermilchjoghurt, 1 EL Magerquark, Kräuter, Gewürze) 4 Salzbrezeln 2 Gläser Fruchtsaftschorle
1 Flasche Mineralwasser über den Tag verteilt trinken.	

Speiseplan für eine Woche

Montag	Gedünsteter Seelachs, Dillsoße, Dampfkartoffeln Gemischter Salat Obst
Dienstag	Blumenkohl-Kartoffelauflauf vegetarisch mit Kräutersoße Tomatensalat Fruchtjoghurt
Mittwoch	Gemüseeintopf mit Vollkornnudeln Fruchtquarkspeise
Donnerstag	Grünkernbratling „Hawaii“, Currysoße, Naturreis, Brokkoli Fettarmer Schokoladenpudding
Freitag	Gebratener Lachs auf Blattspinat, Kartoffeln Gemischter Salat Obst
Samstag	Eifreie Spaghetti, Tomatensoße mit Paprikastreifen Parmesan, gemischter Salat Fruchteis
Sonntag	Schweineschnitzel natur mit Champignonsoße Kartoffeln, Prinzessbohnen Rote Grütze mit Vanillejoghurt

Die Rezepte finden Sie im Rezeptteil ab Seite 37.

Fettaustauschtabellen

Fettreiche und fettarme Lebensmittel

Durch den Austausch von fettreichen gegen fettarme Lebensmittel können Sie viel Fett und Cholesterin einsparen.

Wechseln Sie zu Magermilch oder fettarmer Milch!

Reduzieren Sie allmählich den Fettgehalt der Milchprodukte, die Sie verwenden:

- Starten Sie mit einem Fettgehalt von 1,5 % und versuchen dann 0,3 % Fett.
- Buttermilch, Dickmilch und Kefir (mit 1,5 % Fett) sind Alternativen zur Vollmilch.
- Kondensmilch mit 4 % Fett ist idealer Ersatz für süße Sahne und Schmand.
- Puddings und Flammeri mit fettarmer Milch (1,5 % Fett) kochen.
- Milch ist kein Getränk! Vermeiden Sie Milch zum Durstlöschen. Sie enthält neben Fett auch Kohlenhydrate und Eiweiß und ist damit als Lebensmittel einzustufen, das zusätzliche Kalorien enthält.
- Anstelle von Crème fraîche und Crème double eignet sich saure Sahne (10 % Fett) verlängert mit Magermilchjoghurt, zum Verfeinern von Speisen.

Genießen Sie fattarme Milch- oder Käseprodukte

Versuchen Sie	***anstatt***
Saure Sahne (10 % Fett), Joghurt, Magerquark	Crème fraîche (30 % Fett), Schmand (18–24 % Fett), Crème légère (17 % Fett)
Cremequark 0,2 % Fett, Magerquark	Speisequark 20–40 % Fett i.Tr.
Kondensmilch 4 % Fett	Süße Sahne 30 % Fett
Harzer-Käse, fettarmen Käse mit max. 30 % Fett i.Tr., z. B. Edamer, Gouda, Tilsiter, light-Käse	Käsesorten mit > 45 % Fett i.Tr. bzw. > 15 % Fett absolut
Limburger, Romadur 20 % Fett i.Tr.	Limburger, Romadur 40 % Fett i.Tr.
Schichtkäse (10–20 % Fett i.Tr.), Buttermilch- und Joghurtfrischkäse	Frischkäse Vollfettstufe bis Doppelrahmstufe (= 45–85 % Fett i.Tr.)

Tipp:

Fettarmen Käse einige Zeit vor dem Verzehr bei Zimmertemperatur liegen lassen, dann entwickelt er sein Aroma und schmeckt noch besser.

Brotaufstrich/Streichfett

Versuchen Sie	*anstatt*
Diät- oder Reformhalbfettmargarine	Normale Butter oder Margarine
Schmand (24 % Fett), Frischkäse (6 % oder 8 % Fett absolut), Magerquark mit und ohne Kräuter, Senf, Ketchup, körniger Frischkäse, »Leichte« Salatcreme (16 % Fett)	Butter oder Margarine oder Brunch oder Lätta

Tipp:

Versuchen Sie, ganz auf Streichfett zu verzichten. Verwenden Sie statt dessen z. B. Magerquark, Senf oder ein Salatblatt. Magerquark wird sehr cremig, wenn Sie ihn mit Mineralwasser anrühren.

Essen Sie fettfreie und fettarme Puddings und Desserts

Versuchen Sie	*anstatt*
Fruchteis, Wassereis, Sorbets	Eiscreme, Sahneeis
Pudding aus 1,5 %iger Milch Fruchtjoghurt mit 0,3 % und 1,5 % Fett	Pudding mit 3,5 %iger Milch, Sahnepudding, Vollmilchjoghurt, Sahnejoghurt
Milchreis, Grießbrei mit 1,5 %iger Milch	Milchreis und Grießbrei mit Vollmilch
Sorbets und Götterspeise sowie Fruchtgrütze und -geleespeisen	Mousse oder Parfaits

Tipp:

Vergleichen Sie den Fettgehalt der Dessert-Alternativen mit denen herkömmlicher Desserts.

Genießen Sie fettarme Lebensmittel

Versuchen Sie	*anstatt*
Russisch Brot, Vollkornkekse	Stark fetthaltige Kekse und Gebäck (Spritzgebäck, Schokoladenkekse)
Fettarme Salatdressings aus Buttermilch und Magermilchjoghurt	Normale Salatdressings
Müsli mit Fruchtsaft oder fettarmer Milch mit frischem oder getrocknetem Obst	Knusper- und Schokomüsli
Weingummi, Lakritz, Fruchtbonbons	Schokolade, Pralinen, Karamel
Vollkornbrot mit Honig oder dünn Nuss-Nugat-Creme	Schokolade oder fetthaltige Kekse
Salzstangen und Salzbrezeln, Grissini, Reiswaffeln, Studentenfutter, Popcorn	Chips, Erdnussflips, Nüsse

Tipps für Zwischenmahlzeiten:

Fettarmer Joghurt oder Magermilchjoghurt, Müsli ohne Zuckerzusatz mit frischem Obst oder Trockenobst nach Belieben, Knäckebrot, Reiswaffeln oder Vollkornzwieback mit Konfitüre oder Honig. Ein Stück Obst zwischendurch ist optimal.

Brotsorten, Getreideprodukte, Backwaren, Nudeln, Kartoffeln

Versuchen Sie	*anstatt*
Mehrkorn-, Vollkornbrötchen, Vollkornbaguette	Croissants, Blätterteig
Milchbrötchen, Rosinenbrötchen	Butterwecken, Heiße Wecken
Vollkornbrot, Roggenbrot	Weißbrot, Feinbrot, Ciabatta
Zwieback oder Honigkuchen	stark fetthaltige Kekse
Kuchen aus Hefeteig oder Biskuit, Obstkuchen, Kleingebäck aus Quark-Öl-Teig	Kuchen aus Blätterteig, Mürbeteig oder Rührteig, Torten, Brandteig
Vollkornnudeln, Nudeln und Spätzle ohne Ei	Eiernudeln, Eierspätzle, Schupfnudeln
Salz-, Pell- und Dampfkartoffeln, Kartoffelpürree und -knödel	Kroketten, herkömmliche Pommes frites, Bratkartoffeln
Pommes frites mit 3 % Fett im Backofen auf Backpapier zubereitet	herkömmliche Pommes frites

Tipp:

Pell- und Folienkartoffeln sowie Nudeln ohne Ei (= aus 100 % Hartweizengrieß oder Vollkornnudeln) sowie Reis enthalten weniger als 1 g Fett pro gegarter Portion (ca. 200 g). Sie eignen sich daher vorzüglich als fettarme Mahlzeit. Wählen Sie dazu fettarme Dressings und Soßen.

Probieren Sie mal anstelle von Reis andere fettarme Getreidesorten als Beilage oder zum Füllen wie Hirse, Quinoa, Bulgur, Couscous und Amaranth.

Essen Sie magere Fleisch- und Wurstsorten

Versuchen Sie	*anstatt*
Bratenaufschnitt	Aufschnitt aus Wurstmassen, wie Fleischwurst, Mortadella
fettreduzierte Streichwurst	herkömmliche Streichwurst
Salami mit viel magerem Fleisch (Zutatenliste beachten!)	herkömmliche Salami
fettreduzierte Würstchen	herkömmliche Würstchen
Corned beef	Frühstücksfleisch
Thunfisch im eigenen Saft	Thunfisch in Öl
gebratenen und gedünsteten Fisch	panierten und fritierten Fisch (= Backfisch)
Geflügelwurst, Schinken ohne Fettrand, Aspikwaren mit Fleisch und/oder Gemüse	herkömmliche Wurstsorten
Vegetarische Brotaufstriche	herkömmliche Streichwurst und Wurstwaren

Tipp:

Schneiden Sie das sichtbare Fett vom Schinken ab! Fettreduzierte Streichwurst enthält immer noch viel Fett. Nehmen Sie davon geringe Mengen und lassen Sie das Streichfett weg.
Achten Sie auf die Zutatenliste: Fett und Speck sollten an letzter Stelle genannt werden.
Je größer die Fleischstücke in der Wurst sichtbar sind, desto weniger Fett steckt drin.
Bevorzugen Sie Fleisch von Huhn, Strauß und Pute!
Magere Fleischsorten sind aber auch Schenkel ohne Haut und der Schinken sowie Ober- und Unterschale, Rücken, Filet, Blume/Nuss von anderen Tieren wie Rind, Schwein, Lamm, Kalb und Wild.

Austausch fettreicher gegen fettarme Lebensmittel

Der Vergleich beider Tageskostpläne untereinander zeigt die **Energie-, Fett- und Cholesterin-Ersparnisse** deutlich auf. Sie entstehen nur durch den Austausch fettreicher gegen fettarme Lebensmittel und die fettarme Zubereitung. Die jeweilige Menge der Lebensmittel bleibt dabei gleich.

Beispiel für den kalorienreduzierten Effekt durch den Austausch fettreicher gegen fettarme Lebensmittel

	fettreich		fettarm
Frühstück	1 Weizen-Brötchen 1 Scheibe Vollkornbrot 10 g Butter 2 TL Konfitüre 2 EL Quark 20 % Fett i. Tr. 30 g Schnittkäse 50 % Fett i. Tr. Kaffee m. Kondensmilch 10 % Fett	**Frühstück**	1 Körner-Brötchen 1 Scheibe Vollkornbrot 10 g Diät-Halbfettmargarine 2 TL Konfitüre 2 EL Quark Magerstufe 30 g Schnittkäse 30 % Fett i. Tr. Kaffee m. Kondensmilch 4 % Fett
Zwischenmahlzeit	1 Fruchtjoghurt 3,5 % Fett	**Zwischenmahlzeit**	1 Fruchtjoghurt 0,1 % Fett
Mittagessen	Salat mit Essig-Öl-Dressing (fertig aus der Flasche) Spaghetti/Eiernudeln (60 g roh) Bolognesesoße (Schwein)	**Mittagessen**	Salat mit Essig-Öl-Dressing (selbst gemacht mit 1 TL Olivenöl) Spaghetti eifrei (60 g roh) Tomatensoße, 1 Sch. Schinken 1 EL Parmesan 32 % Fett i. Tr.
Dessert	Quarkcreme (Quark 20 % Fett, Milch 3,5 % Fett, Sahne, Pfirsichkompott)	**Dessert**	Quarkcreme (Quark Magerstufe, Mineralwasser, Pfirsichkompott)
Zwischenmahlzeit	1 dünne Scheibe Marmorkuchen Kaffee m. Kondensmilch 10 % Fett	**Zwischenmahlzeit**	1 Stck. Obst-Hefe-Kuchen Kaffee m. Kondensmilch 4 % Fett
Abendbrot	1 Scheibe Vollkornbrot 1 Scheibe Mischbrot 10 g Butter 1 Sch. (30 g) Gouda 48 % Fett i. Tr. 1 Scheibe (20 g) Salami Gemischter Salat mit Essig-Öl-Dressing (aus der Flasche oder nach Tüten-Hinweis zubereitet)	**Abendbrot**	1 Scheibe Vollkornbrot 1 Scheibe Mischbrot 10 g Diät-Halbfettmargarine 1 Scheibe (30 g) Gouda 30 % Fett i. Tr. 1 Sch. (20 g) Schinken ohne Fettrand Gemischter Salat mit fettarmem Joghurt- oder Essig-Öl-Dressing
Spätmahlzeit	1 Stück Obst	**Spätmahlzeit**	1 Stück Obst
Nährwerte	2650 Kcal 130 g Fett 440 mg Cholesterin	**Nährwerte**	1700 Kcal 45 g Fett 102 mg Cholesterin

Rezepte

Rezepte

Pikante Brotaufstriche

Neben den hier aufgeführten Brotaufstrichen finden Sie **pikante Quarkaufstriche** in den Kapiteln »Dressings« und »Dips«.

Kartoffelaufstrich mit Kräutern (für 12–15 Scheiben Brot)

Zutaten:

400 g Kartoffeln
100 g Zwiebeln
2 Knoblauchzehen
1 EL Olivenöl
100 g Magermilchjoghurt
40 ml Kondensmilch 4% Fett
2–3 EL Schnittlauchröllchen
1–2 EL gehackte Petersilie
1–2 Msp. getr. Basilikum
1 Msp. getr. Majoran
Muskatnuss
Jodsalz o. Kräutersalz
Pfeffer

Zubereitung:

Die Kartoffeln ca. 20 Min. kochen, heiß pellen und sofort durch eine Kartoffelpresse (oder einen Kartoffelstampfer) drücken. Während die Kartoffeln garen, Zwiebeln pellen, abspülen und fein hacken, Knoblauchzehen pellen, durch eine Knoblauchpresse drücken. Eine Pfanne mit Öl einpinseln, Zwiebeln und Knoblauch glasig dünsten. Zwiebeln, Knoblauch und die gepressten Kartoffeln abkühlen lassen. Joghurt und Kondensmilch schaumig rühren. Schnittlauchröllchen, Petersilie, Basilikum, Majoran unter den Joghurt rühren. Die abgekühlten Zutaten mit dem Joghurtgemisch verrühren. Mit Jodsalz oder jodiertem Kräutersalz, Pfeffer und Muskatnuss abschmecken.

Enthält pro Scheibe: **Fett: 1 g** **Cholesterin: 1 mg** **BE: 0,5**

Im Kühlschrank ca. 2–3 Tage haltbar.

Abwandlungen:
Dünsten Sie zusammen mit den Zwiebeln 150 g gewürfelte säuerliche Äpfel (z. B. Boskop, Elstar). Anstatt der Zwiebeln passen auch 150 g Gemüsewürfel oder 100 g Frühlingszwiebeln oder 100 g Lauch sehr gut. Außerdem fein gewürfeltes Gemüse.

Tipp:
Dieser Brotaufstrich schmeckt am besten, wenn Sie ihn einige Stunden durchziehen lassen und kühl servieren. Er eignet sich auch zum Einfrieren, wobei er nach dem Auftauen gut aufgeschlagen werden sollte.

Paprika-Möhren-Aufstrich (für 8–10 Scheiben Brot)

Zubereitung:

Die Paprikaschote und die Möhre waschen, putzen und fein würfeln. Zwiebeln und Knoblauch pellen und fein würfeln. Olivenöl in einem Kochtopf erhitzen und beides glasig dünsten. Das Gemüse hinzufügen und ca. 10 Min. weich dünsten. Anschließend Nüsse, Thymian, Dill und Petersilie unterrühren und alle Zutaten pürieren. Mit Jodsalz und Pfeffer abschmecken.

Zutaten:

250 g Paprikaschote
100 g Möhre (1 kleine)
50 g Zwiebeln
1 Knoblauchzehe
2 EL Olivenöl
15 g gemahlene Nüsse
1/2 TL Thymian, frisch
1 EL Dill, frisch
2 EL Petersilie, frisch gehackt

Enthält pro Scheibe ca.: **Fett: 2 g** **Cholesterin: 0 mg** **BE: 0**

Im Kühlschrank ca. 3 Tage haltbar.

Frischkäse-Kräuterquark-Creme
(für 8–10 Scheiben Brot)

Zubereitung:

Quark, Frischkäse und Joghurt glatt rühren. Zwiebeln pellen, fein würfeln und unter die Quarkcreme rühren. Mit 1–2 TL Hefewürzflocken, Jodsalz, Kräuter und Pfeffer abschmecken.

Zutaten:

100 g Magerquark
100 g Frischkäse (max. 40 % Fett i.Tr.)
50 g Magermilchjoghurt
50 g Zwiebeln
2–3 EL frische Kräuter (nach Wahl)
Hefewürzflocken (Reformhaus)

Enthält pro Scheibe ca.: **Fett: 1,5 g** **Cholesterin: 5 mg** **BE: 0**

Im Kühlschrank 4–5 Tage haltbar.

Tipp:

Je nach Verwendung von Kräutern und Gewürzen lässt sich diese Quarkcreme geschmacklich vielfältig abwandeln.

Linsen-Grünkern-Aufstrich (für ca. 10–12 Scheiben Brot)

Zutaten:

30 g Linsen (rote oder braune)
30 g Grünkernkörner
150 ml Gemüsebrühe
100 g Lauch
100 g Knollensellerie
1 EL Olivenöl
50–100 g Magerquark
1 TL Senf
1–2 EL frische Kräuter (nach Wahl)
Muskat
Jodsalz
Pfeffer

Zubereitung:

Linsen und Grünkernkörner fein schroten und ca. 6–8 Stunden in der Gemüsebrühe einweichen. Lauch waschen und in dünne Ringe schneiden. Sellerie schälen, waschen und fein reiben. Olivenöl in einem Kochtopf erhitzen, den Lauch anbraten, den Knollensellerie hinzufügen und kurz mit anbraten. Das eingeweichte Linsen-Grünkernschrot (mit Einweichflüssigkeit) hinzufügen und im geschlossenen Topf ca. 5 Min. kochen und noch ca. 10 Min. ausquellen lassen. Magerquark mit Senf verrühren, die frischen, gehackten Kräuter hinzufügen, mit Linsen und Grünkern vermengen und kurz pürieren. Mit Jodsalz, Pfeffer sowie Muskat abschmecken.

Enthält pro Scheibe ca.: **Fett: 1,5 g** **Cholesterin: 0 mg** **BE: (1,5 g KH)**

Im Kühlschrank ca. 10 Tage haltbar.

Abwandlungen:

Der Aufstrich bekommt eine süßliche Note, wenn Sie statt der Gewürze und dem Senf 100–200 g frisches geriebenes Obst, z. B. Äpfel oder gehackte Pflaumen, oder 50 g eingeweichte und pürierte Trockenfrüchte hinzugeben. Anstatt Grünkern können Sie auch Hirseschrot oder eine andere Getreideart verwenden.

Haferaufstrich mit Meerettich und Kräutern (für 8–10 Scheiben Brot)

Zubereitung:

Zwiebeln pellen und fein würfeln.
Sellerie und Möhren schälen, waschen und fein reiben. Das Öl in einem Topf erhitzen, die Zwiebeln glasig dünsten, das Gemüse hinzufügen und 3–4 Min. dünsten. Haferflocken beifügen und mit Gemüsebrühe aufgießen. Unter Rühren 2–3 Min. kochen und im geschlossenem Topf ca. 15 Min. ausquellen lassen. Saure Sahne, Meerrettich, Schnittlauch und Petersilie vermengen und unterrühren. Mit Jodsalz, Pfeffer, Muskatnuss sowie einer Prise Koriander abschmecken.

Zutaten:

50 g Zwiebeln
100 g Knollensellerie
50 g Möhren
1 EL Olivenöl
50 g grobe Haferflocken
120 ml Gemüsebrühe
50 g saure Sahne
1–2 TL frischen Meerrettich
1 EL Schnittlauchröllchen
1 EL gehackte Petersilie
Muskatnuss, Koriander
Jodsalz, Pfeffer.

Enthält pro Scheibe ca.: **Fett: 2 g** **Cholesterin: 4 mg** **BE: 0,2**

Im Kühlschrank ca. 1 Woche haltbar.

Möhren-Brokkoli-Aufstrich (für 6–8 Scheiben Brot)

Zubereitung:

Möhren waschen, putzen und in kleine Würfel schneiden.
Brokkoli waschen, kleine Röschen ablösen und den Strunk klein schneiden.
Die Zwiebel pellen, abspülen und fein würfeln.
Den Topfboden mit dem Öl auspinseln und erhitzen.
Die Zwiebel glasig dünsten und mit Gemüsebrühe ablöschen. Möhren und Brokkoli hinzufügen und ca. 15 Min. weich dünsten. Alles fein pürieren.
Kürbiskerne in einer Pfanne ohne Fettzugabe rösten, fein hacken und unter das Gemüse rühren.
Mit Cayennepfeffer, Jodsalz und 1 TL gehackter Petersilie abschmecken.

Zutaten:

300 g Möhren
150 g Brokkoli
1 kleine Zwiebel (40 g)
1 EL Oliven- oder Rapsöl
100 ml Gemüsebrühe
20 g Kürbiskerne
Cayennepfeffer
Jodsalz
1 TL gehackte Petersilie

Enthält pro Scheibe ca.: **Fett: 3 g** **Cholesterin: 0 mg** **BE: 0**

Im Kühlschrank ca. 14 Tage haltbar.

Erbsenaufstrich (für ca. 10–12 Scheiben Brot)

Zutaten:

150 g Petersilienwurzel
300 g Gemüseerbsen (frisch oder tiefgefroren)
100 ml Gemüsebrühe
1 TL geriebener Meerrettich
Pfeffer, Kräutersalz

Zubereitung:

Die Petersilienwurzeln waschen, schälen und in Scheiben schneiden. Zusammen mit den Gemüseerbsen in der Gemüsebrühe ca. 10 Min. weich dünsten und pürieren. Mit Meerrettich, Kräutersalz und Pfeffer abschmecken.

Enthält pro Scheibe ca.: **Fett: 0,2 g** **Cholesterin: 0 mg** **BE: 0**

Im Kühlschrank ca. 14 Tage haltbar.

Pikante Maiscreme (für ca. 12–15 Scheiben Brot)

Zutaten:

1 kleine Zwiebel (40 g)
1 Knoblauchzehe
2 TL Oliven- oder Rapsöl
400 ml Gemüsebrühe
70 g Maisgrieß oder Polenta
1 Msp. Curcuma oder Safran
1 EL geh. Kapern
Pfeffer, Jodsalz

Zubereitung:

Zwiebel und Knoblauchzehe pellen, abspülen, fein hacken. In Öl glasig dünsten.
Mit Gemüsebrühe ablöschen und aufkochen lassen. Maisgrieß oder Polenta hinzufügen, aufkochen und 30–40 Min. bei geringer Hitze ausquellen lassen, dann alles pürieren. Mit Curcuma oder Safran, Pfeffer, Jodsalz, gehackten Kapern abschmecken.

Enthält pro Scheibe ca.: **Fett: 1 g** **Cholesterin: 0 mg** **BE: 0,3 (4 g KH)**

Im Kühlschrank ca. 14 Tage haltbar.

Pikante Quarkcremes

Die pikanten Quarkcremes eignen sich als Brotaufstrich sowie als Dip, z. B. für Gemüsesticks.

Grundrezept

Zubereitung:

Magerquark mit Mineralwasser cremig rühren. Mit Pfeffer, Jodsalz, evtl. Muskat abschmecken.

Zutaten:

400 g Magerquark
80 ml Mineralwasser

Das Grundrezept eignet sich auch als Basis für folgende Rezepte:

Kräuterquark mit Sesam

Zubereitung:

Die fein gehackten Kräuter mit der Quarkcreme verrühren und mit etwas Zitronensaft verfeinern, mit Jodsalz und Pfeffer abschmecken.
Sesam in einer Pfanne ohne Zugabe von Fett leicht rösten.
Lollo Rosso verlesen, waschen und gut abtropfen lassen. Den Kräuterquark portionsweise auf den Salatblättern anrichten und mit Sesam bestreuen.

Zutaten:

Quarkcreme
(siehe Grundrezept)
4 EL fein gehackte Kräuter
(z. B. Borretsch, Pimpernelle,
Kerbel, Petersilie,
Zitronenmelisse)
Zitronensaft
1 EL Sesam
1/4 Kopf Lollo Rosso
Jodsalz, Pfeffer

Enthält pro Scheibe ca.: **Fett: 2 g** **Cholesterin: 0 mg** **BE: 0**

Gemüsequark mit Kürbiskernen

Zutaten:

Quarkcreme
(siehe Grundrezept)
30 g Möhren
30 g Knollensellerie
1–2 EL Wasser
1 TL gehackte Petersilie
1 EL Kürbiskerne
Jodsalz
Pfeffer
Eichblattsalat

Zubereitung:

Möhren und Knollensellerie waschen, schälen und in feine Würfel schneiden. Die Gemüsewürfel in Wasser bissfest garen und auskühlen lassen. Zusammen mit der gehackten Petersilie unter den Quark mischen und eventuell mit Jodsalz und Pfeffer nachwürzen.
Die Kürbiskerne in einer beschichteten Pfanne ohne Fett rösten. Mit einem Esslöffel vom Quark Klößchen abstechen, auf dem Eichblattsalat anrichten und Kürbiskerne darüberstreuen.

Enthält pro Portion ca.: **Fett: 2 g** **Cholesterin: 0 mg** **BE: 0**

Gemüsequark mit Basilikum

Zutaten:

Quarkcreme
(siehe Grundrezept)
2 Tomaten (180 g)
40 g Bleich- oder Stauden-sellerie
1 TL frische, gehackte Basilikumblätter
Friseesalat
ca. 4 Basilikum-blätter

Zubereitung:

Tomaten waschen, den Stielansatz entfernen, vierteln, die Kerne entfernen und das Fruchtfleisch fein würfeln. Den Sellerie waschen und ebenfalls fein würfeln.
Die Quarkcreme mit dem Gemüse und den frischen, gehackten Basilikumblättern verrühren und eventuell nachwürzen. Den Quark portionsweise auf Friseesalat anrichten und mit je 2 Basilikumblättern garnieren.

Enthält pro Portion ca.: **Fett: 2 g** **Cholesterin: 2 mg** **BE: 0**

Süße Brotaufstriche

Dörrobstaufstrich
(für ca. 8 Scheiben Brot)

Zubereitung:

Trockenobst und 20 g Rosinen in dem Wasser über Nacht im Kühlschrank einweichen. Die gequollenen Früchte fein pürieren, Nüsse unterrühren. Mit 1 Msp. Zimt, 1 Prise Jodsalz, Nelkenpulver abschmecken.

Zutaten:

80 g gemischtes Trockenobst
20 g Rosinen
100 ml Wasser
10 g gemahlene Nüsse
Jodsalz, Nelkenpulver, Zimt

Enthält pro Scheibe ca.: **Fett: 0,2 g** **Cholesterin: 0 mg** **BE: 0,5 (versteckter Zucker)**

Tipp:

Mit Trockenobst lassen sich die unterschiedlichsten Aufstriche herstellen. Je nach Obstsorte, ob einzeln oder gemischt, ergeben sich vielfältige Geschmacksvarianten.
Je nach verwendeten Gewürzen, z. B. neben Zimt auch Nelkenpulver, geriebene Zitronenschale (im Handel z. B. als Citroback schon gemahlen und ungespritzt erhältlich), Ingwer, Kardamom oder Anis. Statt der Nüsse schmecken auch Sesamsaat oder Kokosflocken sehr gut dazu.

Im Kühlschrank ca. 1 Woche haltbar.

Abwandlungen:

Zubereitung:

Aprikosen ca. 6–8 Stunden in dem Orangensaft einweichen und pürieren. Nüsse und Zitronenschale unterrühren. Mit 2 Msp. frisch gemahlenem Ingwer abschmecken.

Zutaten:

100 g ungeschwefelte Trockenaprikosen
100 ml Orangensaft
1 EL gemahlene Haselnüsse
2 Msp. gerieb. Zitronenschale
Ingwer, gemahlen

Enthält pro Scheibe ca.: **Fett: 2 g** **Cholesterin: 0 mg** **BE: 0,6 (versteckter Zucker)**

Bananen-Weizenkeim-Creme (für 4 Portionen)

Zutaten:

60 g Weizenkeimflocken (Reformhaus)
200 g Bananen (ohne Schale)
1 EL Zitronensaft
1 Pr. gem. Zimt
Süßstoff oder Zucker

Zubereitung:

Weizenkeimflocken in einer beschichteten Pfanne ohne Fett unter ständigem Rühren goldgelb rösten, abkühlen lassen. Bananen und Zitronensaft pürieren und zusammen mit den Weizenflocken zu einer glatten Creme verrühren. Mit 1 Prise gemahlenem Zimt, Süßstoff oder Zucker abschmecken.

Enthält pro Portion ca.: **Fett: 2 g** **Cholesterin: 0 mg** **BE: 1,2 (ohne Zucker)**

Info:

Auch wenn Bananen zu den kalorienreicheren Obstsorten gehören, liefern sie kein Fett. Sie überzeugen nicht nur durch ihren guten Geschmack, sondern liefern günstige Inhaltsstoffe.
Die große Menge an löslichen Ballaststoffen (besonders bei vollreifen Bananen) tragen zu einer Senkung des Cholesterinspiegels bei. Darüber hinaus liefern Bananen Vitamine der B-Gruppe, insbesondere Vitamin B6. Außerdem enthalten sie viel Kalium und Magnesium.
Dieser Aufstrich enthält viel mehr wertvolle Inhaltsstoffe als Konfitüre, Sirup oder Honig. Er ist aber zum baldigen Verzehr bestimmt, da er durch die Bananen schnell eine braune Farbe annimmt.

Hafer-Schoko-Creme (für 4 Portionen)

Zutaten:

50 g Haferkleie mit Keim
1 EL Kakaopulver entfettet
1 TL Weizenkeimflocken
1 Prise gemahlener Zimt
50 ml Wasser
1/4 Vanilleschote
2 EL Honig
60 g Diäthalbfettmargarine
Süßstoff oder Zucker

Zubereitung:

Haferkleie, Kakaopulver, Weizenkeimflocken und Zimt in einer Schüssel vermengen. Das Wasser mit dem Mark aus der Vanilleschote erwärmen, den Honig darin auflösen und in die Schüssel mit der Kleie gießen.
Margarine hinzufügen und alles gut verrühren.
Eventuell mit Süßstoff oder Zucker nachsüßen.
Die Creme im Kühlschrank fest werden lassen.

Enthält pro Portion ca.: **Fett: 7 g** **Cholesterin: 0 mg** **BE: 1 (ohne Zucker)**

Info:

Diese Schoko-Creme ist eine gesunde Alternative zu den handelsüblichen Schoko-Nuss-Cremes. Die Haferkleie trägt durch den hohen Anteil an löslichen Ballaststoffen zur Senkung eines erhöhten Cholesterinspiegels bei. Diese Creme ist frei von gehärteten Fetten. (Gehärtete Fette können dazu beitragen, den Cholesterinspiegel zu erhöhen.)
Die Haferkleie und die Weizenkeimflocken liefern Vitamine der B-Gruppe.
Sie können diesen Brotaufstrich auf Vorrat zubereiten. Nehmen Sie das doppelte Rezept und füllen Sie die fertige Schoko-Creme in ein Schraubglas. Kühl aufbewahrt hält sie sich ca. 2 Wochen.

Suppen

Alle Rezepte für 4 Personen

Brokkolicremesuppe mit Mandelhäubchen

Zutaten:

500 g Brokkoli
1 Zwiebel
200 g Kartoffeln
600 ml Gemüsebrühe
(2 TL Gemüsebrühpulver und 600 ml Wasser)
100 ml Milch 1,5 % Fett
50 ml Kondensmilch 4 % Fett
Muskat
1 EL geh. Petersilie
1EL Schnittlauchröllchen
Jodsalz, Pfeffer
Muskat, Gemüsebrühpulver

Zubereitung:

Brokkoli waschen, Röschen ablösen, den Strunk klein schneiden. Die Zwiebel pellen und fein würfeln. Kartoffeln waschen, dünn schälen und in kleine Würfel schneiden. Brokkoli, Zwiebeln und Kartoffeln in Gemüsebrühe ca. 15 Minuten kochen. Milch und Kondensmilch mischen. Eine kleine Schaumkelle voll Gemüse herausnehmen, das restliche Gemüse pürieren und dabei die Milch einfließen lassen. Gemüse wieder hinzufügen. Mit Gemüsebrühpulver, evtl. Jodsalz, Pfeffer, Muskat, gehackter Petersilie und Schnittlauchröllchen abschmecken.

Mandelhäubchen

Zutaten:

60 g Magerquark
1–2 EL Mineralwasser
1 EL gehackte Petersilie oder Schnittlauchröllchen
15 g Mandelblättchen

Zubereitung:

Magerquark mit Mineralwasser verrühren und Petersilie oder Schnittlauchröllchen unterrühren. Mandelblättchen in einer Pfanne ohne Fett goldbraun rösten.

Die Suppe in eine Schüssel füllen, den Quark als Haube auf die Suppe setzen und mit Mandelblättchen bestreuen.

Enthält pro Portion ca.: **Fett: 3,5 g** **Cholesterin: 3 mg** **BE: 0,5**

Blumenkohlcremesuppe

Zubereitung:

Blumenkohl waschen, in kleine Röschen zerteilen, Strunk klein schneiden. Die Möhren waschen, putzen, fein würfeln. Kartoffeln schälen, waschen und würfeln. Das Gemüse in Gemüsebrühe ca. 15 Min. kochen. Milch und Kondensmilch vermengen.
Etwas Gemüse mit der Schaumkelle herausnehmen. Das restliche Gemüse pürieren und dabei die Milch einfließen lassen. Gemüse hinzufügen. Mit Gemüsebrühpulver, evtl. Jodsalz, Pfeffer, Muskat, gehackter Petersilie und Schnittlauchröllchen abschmecken.

Zutaten:

350 g Blumenkohl
100 g Möhren
200 g Kartoffeln
500 ml Gemüsebrühe
200 ml Milch 1,5 % Fett
50 ml Kondensmilch 4 % Fett
1 EL geh. Petersilie
1 EL Schnittlauchröllchen
Jodsalz, Pfeffer, Muskat,
Gemüsebrühpulver

Enthält pro Portion ca.: **Fett: 2 g** **Cholesterin: 4 mg** **BE: 1**

Die Rezepte zur Blumenkohlcremesuppe können vielfältig für weitere Suppen verwendet werden:
mit Spargel zur **Spargel**cremesuppe
mit Kohlrabi zur **Kohlrabi**cremesuppe
mit Zucchini zur **Zucchini**cremesuppe
mit Kürbis zur **Kürbis**cremesuppe

Champignoncremesuppe

Zubereitung:

Pilze mit Küchenpapier oder einer Gemüsebürste trocken säubern, evtl. putzen und in feine Blätter schneiden. Zwiebel pellen, abspülen u. fein würfeln. Topf mit Öl einpinseln, die Zwiebel darin anrösten, 1/3 der Pilze hinzufügen und goldbraun anbraten. Mit Gemüsebrühe ablöschen. Restliche Pilze hinzufügen und ca. 10 Min. bei mittlerer Hitze leicht kochen lassen. 2/3 der Pilze mit einer Schaumkelle herausnehmen. Die restlichen Pilze pürieren. Johannisbrotkernmehl unter Rühren einstreuen, einmal aufkochen und ca. 5 Min. bei geringer Hitze ausquellen lassen. Die Pilze hinzufügen und die Suppe mit Milch und Kondensmilch verfeinern. Mit Gemüsebrühpulver, Jodsalz, Pfeffer, gehackter Petersilie abschmecken.

Zutaten:

500 g Champignons
1 Zwiebel
1 TL Olivenöl
500 ml Gemüsebrühe
2–3 g Johannisbrotkernmehl
50 ml Milch 1,5 % Fett
50 ml Kondensmilch 4 % Fett
1–2 EL geh. Petersilie
Pfeffer, Jodsalz
Gemüsebrühpulver

Enthält pro Portion ca.: **Fett: 2,5 g** **Cholesterin: 2 mg** **BE: 0**

Geröstete Grünkernsuppe mit Kräuterhaube

Zutaten:

1 TL Olivenöl
100 g Grünkernschrot
800 ml Gemüsebrühe
1 Bund Suppengrün
(je 100 g Möhren,
Knollensellerie und Lauch)
3–4 Blätter Liebstöckel
50 g Grünkernmehl oder
Weizenmehl Type 1050
5–6 EL kaltes Wasser
Liebstöckel
1 EL geh. Petersilie
Pfeffer, Gemüsebrühpulver

Zubereitung:

Den Topf mit Öl auspinseln und das Grünkernschrot darin anrösten. Mit der Gemüsebrühe ablöschen und ca. 10 Min. bei mittlerer Hitze leicht kochen lassen.
Suppengrün waschen, putzen. Möhren und Sellerie in feine Würfel, Lauch in feine Ringe schneiden.
Das Gemüse sowie Liebstöckelblätter zum Grünkern geben und weitere 15 Min. leicht kochen lassen.
Liebstöckel herausnehmen.
Das Mehl in kaltem Wasser glatt rühren, durch ein Haarsieb geben und unter Rühren mit einem Kochlöffel in die Suppe fließen lassen. Die Suppe noch einmal aufkochen und ca. 3 Min. ausquellen lassen.
Mit Liebstöckel, Gemüsebrühpulver, Pfeffer, gehackter Petersilie abschmecken.

Kräuterhaube

Zutaten:

100 g Magerquark
40 ml Mineralwasser
20 g gehackte Walnüsse
oder Haselnüsse
je 1 TL geh. Petersilie,
Schnittlauch, Kerbel
Pfeffer, Kräutersalz

Zubereitung:

Magerquark und Mineralwasser cremig rühren.
Mit gehackter Petersilie und Schnittlauch, Kerbel, Pfeffer, jodiertem Kräutersalz abschmecken.
Den Quark als „Haube" auf die Suppe setzen und mit gehackten Wal- oder Haselnüssen bestreuen.

Enthält pro Portion ca.: **Fett: 6 g** **Cholesterin: 0 mg** **BE: 2**

Tipp:

Sie sparen 3 g Fett pro Portion, wenn Sie auf die Nüsse verzichten.

Kartoffel-Champignonsuppe

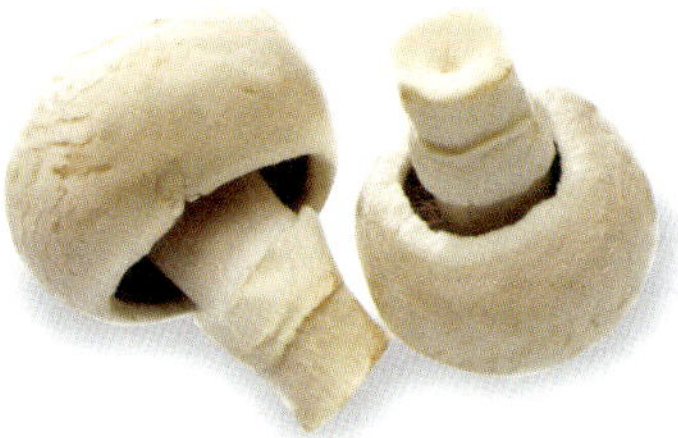

Zutaten:

1 Bund Suppengrün (100 g Lauch, 100 g Knollensellerie, 100 g Möhren)
1 Zwiebel
1 TL Olivenöl
800 ml Gemüsebrühe
1/2 Bund Liebstöckel oder 1/2 TL gem. getr. Liebstöckel
300 g Kartoffeln
200 g Champignons
1–2 EL geh. Petersilie
Thymian oder Muskat
Pfeffer
Gemüsebrühpulver
Jodsalz

Zubereitung:

Lauch der Länge nach durchschneiden, unter fließendem Wasser waschen und in feine Ringe schneiden. Sellerie und Möhren waschen, putzen und fein würfeln.
Zwiebel pellen, abspülen und fein würfeln.
Den Kochtopf mit Öl einpinseln und die Zwiebel darin glasig dünsten. Möhren, Sellerie und Lauch hinzufügen und leicht anrösten. Mit Gemüsebrühe ablöschen und Liebstöckel hinzufügen.
Kartoffeln waschen, schälen, waschen, grob raspeln oder fein würfeln und hinzugeben.
Alles ca. 10 Min. bei mittlerer Hitze leicht kochen lassen. Champignons waschen, trocken tupfen und in feine Scheiben schneiden. Zur Suppe geben und ca. 5 Min. gar ziehen lassen.
Mit gehackter Petersilie, evtl. Thymian oder Muskat, Pfeffer, Jodsalz abschmecken.

Enthält pro Portion ca.: **Fett: 2 g** **Cholesterin: 0 mg** **BE: 1**

Tomatencremesuppe

Zutaten:

500 g Tomaten
(ca. 5–7 Stück)
1 Zwiebel
1–2 Knoblauchzehen
1 TL Olivenöl
2 EL Tomatenmark
(1 kleine Dose)
600 ml Gemüsebrühe
1 kleine Zucchini (150 g)
100 g Mais (Dose)
50 g saure Sahne 10 % Fett
Kräuter der Provence
Paprika edelsüß
1 Pr. Zucker
Jodsalz
Pfeffer

Zubereitung:

Tomaten waschen, den Stielansatz entfernen und auf der gegenüberliegenden Seite kreuzweise einschneiden. Ca. 10 Sek. in kochendes Wasser legen, herausnehmen und kurz in kaltem Wasser abschrecken. Die Haut abziehen und die Tomaten würfeln (= Tomatenconcasse).
(Wahlweise anstelle der Tomaten: 500 g pürierte Tomaten oder 500 g fertig gewürfelte).
Zwiebel pellen, fein würfeln, Knoblauchzehen pellen und durch die Knoblauchpresse drücken.
Den Topfboden mit Öl einpinseln und die Zwiebel sowie den Knoblauch glasig dünsten.
Tomatenmark mit Gemüsebrühe vermengen und ablöschen, ca. 5 Min. bei mittlerer Hitze kochen lassen.
Zucchini waschen und fein würfeln. Tomaten- und Zucchiniwürfel in den Kochtopf geben und alles zusammen weitere 10 Min. garen.
1 kleine Schaumkelle voll Gemüse herausnehmen und den Rest pürieren. Gemüse und Mais wieder hinzugeben. Die Suppe mit saurer Sahne verfeinern.
Mit Kräutern der Provence, Pfeffer, Paprika edelsüß, Gemüsebrühpulver, Jodsalz sowie 1 Prise Zucker abschmecken.

Enthält pro Portion ca.: **Fett: 3,5 g** **Cholesterin: 0 mg** **BE: 0**

Curry-Kartoffel-Suppe »Indische Art«

Zubereitung:

Kartoffeln waschen, schälen, waschen, klein schneiden, mit Currypulver und 1/2 TL Curcuma in Gemüsebrühe bei mittlerer Hitze kochen. In der Zwischenzeit die Möhren waschen, putzen und fein würfeln, den Lauch längs durchschneiden, waschen und in feine Ringe schneiden. Möhren und Lauch zur Suppe geben und ca. 10 Min. mit garen. Je nach gewünschter Konsistenz anpürieren oder alles durchpürieren und dabei Milch und Kondensmilch einfließen lassen. Mit Zitronensaft verfeinern. Mit Jodsalz oder Gemüsebrühpulver, Pfeffer, Curry, evtl. Curcuma abschmecken.

Zutaten:

400 g Kartoffeln
1 EL Currypulver
1/2 TL Curcuma
600 ml Gemüsebrühe
200 g Möhren
200 g Lauch
200 ml Milch 1,5 % Fett
50 ml Kondensmilch 4 % Fett
1 EL Zitronensaft
Curry oder Curcuma, Pfeffer, Jodsalz, Gemüsebrühpulver

Zur Suppe separat reichen:
30 g gewaschene Rosinen, 20 g ohne Fett geröstete Mandelblätter und 1/2 Bund in Ringe geschnittene Frühlingszwiebeln oder Schnittlauch.

Enthält pro Portion ca.: **Fett: 4,5 g** **Cholesterin: 4 mg** **BE: 1,5**

Lauchcremesuppe

Zubereitung:

Kartoffeln waschen, schälen, waschen, würfeln und ca. 15 Min. in Gemüsebrühe kochen. Inzwischen die Zwiebel pellen und fein würfeln sowie den Lauch waschen und in feine Ringe schneiden. Die Möhren waschen, putzen und würfeln. Das Gemüse zu den Kartoffeln geben und ca. 10 Min. weich kochen. Evtl. etwas von dem Gemüse mit einer Schaumkelle herausnehmen. Das restliche Gemüse pürieren. Dabei Milch und Kondensmilch einfließen lassen (je nach Stärkegehalt der Kartoffeln ist evtl. ein Binden mit Johannisbrotkernmehl erforderlich). Mit Pfeffer, Muskat, Jodsalz oder Gemüsebrühpulver abschmecken. 1/2 Bund Frühlingszwiebeln waschen, in Ringe schneiden und die Suppe damit garnieren oder separat zur Suppe reichen.

Zutaten:

250 g Kartoffeln
600 ml Gemüsebrühe
1 Zwiebel
1 Stange Lauch (ca. 250 g)
2 Möhren (ca. 200 g)
150 ml Milch 1,5 % Fett
50 ml Kondensmilch 4 % Fett
Johannisbrotkernmehl
Muskat
1/2 Bd. Frühlingszwiebeln
Jodsalz, Pfeffer

Enthält pro Portion ca.: **Fett: 1,5 g** **Cholesterin: 4 mg** **BE: 1**

Paprikasuppe mit Kräuterhaube

Zutaten:

4 Tomaten
1 Zwiebel
3 rote Paprika (ca. 600 g)
1 EL Oliven- oder Rapsöl
350 ml Gemüsebrühe
2 Kartoffeln (ca. 160 g)
150 ml Milch 1,5 % Fett
50 ml Kondensmilch 4 % Fett
Paprikapulver
1 Bund Dill, frisch oder
2 TL getrocknet
Zucker
Pfeffer
Jodsalz
Gemüsebrühpulver

Zubereitung:

Einen Kochtopf mit reichlich Wasser zum Kochen bringen. Inzwischen die Tomaten waschen, den Stielansatz kegelförmig ausschneiden und die Tomaten auf der gegenüberliegenden Seite kreuzweise einritzen. Tomaten ins kochende Wasser geben (Schaumkelle). Wenn die Haut sich wellt (ca. 3–5 Sek.), Tomaten herausnehmen, kalt abschrecken. Die Haut von den Tomaten entfernen und das Tomatenfleisch grob würfeln.
Die Zwiebel pellen und fein würfeln, Paprika waschen, putzen und fein würfeln oder in feine Streifen schneiden. Den Topfboden mit Öl auspinseln. Zwiebeln glasig dünsten, mit Gemüsebrühe ablöschen und das Gemüse hinzufügen. Kartoffeln schälen, waschen, würfeln, zum Gemüse geben und alles ca. 15 Min. köcheln lassen. Pürieren, und dabei Milch und Kondensmilch einfließen lassen.
Mit Pfeffer, Paprikapulver, Jodsalz oder Gemüsebrühpulver, Prise Zucker, reichlich Dillspitzen abschmecken.

Kräuterhaube

Zutaten:

100 g Magerquark
40 ml Mineralwasser
1–2 TL gehackte Petersilie

Zubereitung:

Magerquark und Mineralwasser cremig rühren, anschließend mit Petersilie vermengen.

Die Suppe kurz vor dem Servieren mit der Kräuterhaube garnieren.

Enthält pro Portion ca.: **Fett: 1 g** **Cholesterin: 1 mg** **BE: 0,5**

Mais-Paprika-Cremesuppe

Zubereitung:

Paprika waschen, putzen und in feine Streifen schneiden, Mais abtropfen lassen, die Zwiebel pellen, kurz abspülen und fein würfeln. Den Kochtopfboden mit Öl einpinseln, Zwiebel hinzufügen und glasig dünsten. Paprika hinzufügen, anbraten und mit Gemüsebrühe ablöschen. Den Mais hinzufügen und alles im geschlossenen Topf auf mittlerer Stufe ca. 8 Min. weich dünsten.
Das Gemüse pürieren und dabei Milch und Kondensmilch einfließen lassen. Mit Pfeffer, Gemüsebrühpulver, edelsüßem Paprika abschmecken und mit Basilikumblättern garniert servieren.

Zutaten:

3 gelbe Paprika (ca. 600 g)
300 g Mais (Dose)
1 Zwiebel
1 TL Oliven- oder Rapsöl
350 ml Gemüsebrühe
150 ml Milch 1,5 % Fett
50 ml Kondensmilch 4 % Fett
Paprika edelsüß
Basilikum (frisch)
Jodsalz
Pfeffer
Gemüsebrühpulver

Enthält pro Portion ca.: **Fett: 4 g** **Cholesterin: 4 mg** **BE: 0**

Salate

Alle Rezepte für 4 Personen

Möhren-Lauch-Salat in pikantem Joghurt-Dressing

Zutaten:

300 g Lauch/Porree
50 ml Gemüsebrühe
300 g Möhren

Zubereitung:

Den Lauch/Porree waschen, putzen, in feine Ringe schneiden und in Gemüsebrühe ca. 5 Min. dünsten. Möhren waschen, putzen und grob raspeln.

Dressing:

300 g Magermilchjoghurt
4 EL Kondensmilch 4 % Fett
1 EL Zitronensaft
1–2 TL Kräuteressig
1 EL gehackte Petersilie
1 EL Schnittlauchröllchen
Pfeffer
jodiertes Kräutersalz
evtl. Süßstoff

Joghurt mit Kondensmilch cremig rühren. Zitronensaft, Kräuteressig mit Petersilie und Schnittlauchröllchen verrühren. Mit Pfeffer, jodiertem Kräutersalz, evtl. Süßstoff abschmecken.
Möhren und Lauch mit der Garflüssigkeit und dem Dressing vermengen, ca. 1 Stunde durchziehen lassen, nochmals abschmecken und eventuell nachwürzen.

Enthält pro Portion ca.: **Fett: 1 g** **Cholesterin: 2 mg** **BE: 0,25**

Tipp:

Noch pikanter wird der Salat, wenn Sie den Lauch nicht dünsten und 1 kleine, fein gewürfelte Zwiebel untermengen. Durch einen geriebenen Apfel erhalten Sie einen fruchtigen Geschmack.

Möhrenrohkost mit Orangenvinaigrette

Zubereitung:

Die Möhren waschen, schälen und grob raspeln, Orangensaft, Öl, Kräuteressig und Zitronensaft vermengen.
Mit Pfeffer, jodiertem Kräutersalz, 1 Prise Ingwerpulver kräftig abschmecken.
Petersilie unterrühren und die Möhren und die Vinaigrette gut vermengen.

Zutaten:

500 g Möhren
150 ml Orangensaft
1 EL Oliven-/Raps- oder Nussöl
1 TL Kräuteressig
2 TL Zitronensaft
Pfeffer
jodiertes Kräutersalz
1 Prise Ingwerpulver
2 EL gehackte Petersilie

Enthält pro Portion ca.: **Fett: 3 g** **Cholesterin: 0 mg** **BE: 0 (3 g KH)**

Sauerkrautsalat

Zubereitung:

Das Sauerkraut abtropfen lassen, die Flüssigkeit auffangen und das Sauerkraut klein schneiden. Paprikaschoten waschen, putzen und in feine Streifen schneiden, Gewürzgurken fein würfeln, einen Apfel waschen und grob raspeln. Zwiebeln pellen, abspülen und fein würfeln. Alles miteinander vermengen. Die Sauerkrautflüssigkeit mit Zitronensaft und gehackter Petersilie verrühren, mit dem Gemüse vermengen. Mit Pfeffer, jodiertem Kräutersalz, evtl. gemahlenem Kümmel abschmecken.

Zutaten:

250 g Sauerkraut (fertig)
200 g Paprikaschoten
150 g Gewürzgurken
1 Apfel (150 g)
80 g Zwiebeln (2 Stck.)
3–4 TL Zitronensaft
1 EL gehackte Petersilie
Pfeffer
jodiertes Kräutersalz
evtl. gemahlener Kümmel

Enthält pro Portion ca.: **Fett: 0,5 g** **Cholesterin: 0 mg** **BE: 0 (4 g KH)**

Tipp:

Je nach verwendeter Paprikaschote (grün, gelb oder rot) verändert sich nicht nur die Farbe, sondern auch der Geschmack. Verwenden Sie anstelle des Apfels frische Ananas.
Ersetzen Sie 1–2 TL Zitronensaft durch 1 TL Kräuter-, Obst- oder Apfelessig.

Chicoree mit Orangen

Zutaten:

300 g Chicoree
1 Orange (ca. 200 g)
300 g Magermilchjoghurt
3 EL Kondensmilch 4 % Fett
2–3 TL Zitronensaft
Pfeffer
jodiertes Kräutersalz
evtl. Süßstoff oder Zucker
15 g Sesamsamen
1/2 Bd. Petersilie

Zubereitung:

Bei dem Chicoree den bitteren Strunk kegelförmig entfernen, Blätter waschen und in fingerbreite Streifen schneiden/reißen. Eine Orange schälen und die Spalten klein schneiden. Saft auffangen.

Dressing:

Joghurt mit Kondensmilch cremig rühren. Den aufgefangenen Orangensaft und den Zitronensaft unterrühren.
Mit Pfeffer, jodiertem Kräutersalz, evtl. Süßstoff oder Zucker abschmecken.
Die Orangenstücke unterheben. Sesamsamen in einer beschichteten Pfanne ohne Fett goldgelb rösten.
Den Chicoree auf Salattellern anrichten, das Joghurtdressing darauf verteilen, mit Sesam bestreuen und mit Petersiliensträußchen garnieren.

Enthält pro Portion ca.: **Fett: 2 g** **Cholesterin: 1 mg** **BE: 0,5**

Tipp:

Anstelle der Orangen Mandarinen verwenden.
Statt Chicoree können Sie auch Chinakohl, Kopf- oder Eisbergsalat wählen.
Anstelle der Sesamsamen passen auch geröstete Sonnenblumenkerne gut.

Gemischter Blattsalat mit Kartoffel-Dressing

Zubereitung:

Kartoffel-Dressing:

Die Kartoffeln als Pellkartoffeln zusammen mit Kümmelkörnern in wenig Wasser garen, pellen und sofort mit einer Gabel gut zerdrücken oder durch eine Kartoffelpresse drücken und abkühlen lassen. In der Zwischenzeit Joghurt mit Öl, Senf und Obstessig verrühren. Knoblauchzehen pellen, fein hacken, durch die Knoblauchpresse drücken und unter die Joghurtmasse rühren. Zitronenmelisse waschen, Blätter fein hacken. Schnittlauch waschen und in Röllchen schneiden. Die Kräuter und die zerdrückten Kartoffeln mit der Joghurtmasse gut verrühren. Mit Pfeffer, Jodsalz, Muskat abschmecken. Ca. 30 Min. im Kühlschrank durchziehen lassen und nochmals abschmecken.

Gemischter Salat:

In der Zwischenzeit Feldsalat waschen und verlesen. Endiviensalat und Lollo Rosso waschen, in fingerbreite Streifen schneiden/reißen, Paprika waschen, putzen und in feine Streifen schneiden. Radieschen waschen, in Scheiben schneiden. Blattsalate und Paprika in einer Salatschüssel vermengen und mit den Radieschenscheiben garnieren.

Zutaten:

Dressing:
100 g Kartoffeln
1/2 TL Kümmelkörner
150 g Magermilchjoghurt
1 EL Hasel- oder Walnussöl
1 TL Senf mittelscharf
1–2 EL Obstessig
1–2 Knoblauchzehen
Pfeffer
Jodsalz
Muskat
1 Zweig Zitronenmelisse
1 Bund Schnittlauch

Salat:
50 g Feldsalat
1/2 Kopf Endiviensalat
1/2 Kopf Lollo Rosso
1 Paprika gelb (ca. 200 g)
1/2 Bund Radieschen

Das Kartoffeldressing separat zum Salat reichen.

Enthält pro Portion ca.: **Fett: 2,5 g** **Cholesterin: 0 mg** **BE: 0,5**

Feldsalat mit Balsamico-Dressing

Zutaten:

150 g Feldsalat
200 g Kirschtomaten
3 EL Balsamico-Essig
1 TL Dijonsenf
150 ml kaltes Wasser
2 EL Oliven- oder Rapsöl
1 g Johannisbrotkernmehl
1 Zwiebel
Jodsalz
Pfeffer
evtl. Zitronensaft
Zucker/Süßstoff

Zubereitung:

Den Feldsalat putzen, gut waschen und abtropfen lassen. Kirschtomaten waschen, vierteln und mit dem Feldsalat vermengen. Balsamico-Essig, Senf und kaltes Wasser in einer Schüssel gut verrühren. Öl und Johannisbrotkernmehl unterrühren und ca. 15 Min. ausquellen lassen. Eine Zwiebel pellen, fein würfeln und untermengen.
Mit Jodsalz, Pfeffer, evtl. Zitronensaft, Zucker/Süßstoff abschmecken. 2 EL Kräuter nach Wahl (z. B. Thymian oder Schnittlauchröllchen und Petersilie) unterrühren.

Variation:

100 g Champignons waschen, putzen, in Blätter schneiden und mit dem Feldsalat vermengen.

Enthält pro Portion ca.: **Fett: 5 g** **Cholesterin: 0 mg** **BE: 0**

Bunter Salatteller mit Joghurt-Dressing

Zutaten:

1/2 Kopf Eisbergsalat
200 g Champignons
2 EL Zitronensaft
1 rote Paprika
1 gelbe Paprika
1/2 frische Ananas (ca. 300 g)
1 Zwiebel
80 g Mais (Dose)
4 Bätter Lollo Rosso
1 EL gehackte Petersilie

Zubereitung:

Den Eisbergsalat waschen, in feine Streifen schneiden/reißen. Champignons putzen, in Blätter schneiden und mit Zitronensaft beträufeln. Paprika waschen, putzen und in feine Streifen schneiden. Die Schale der Ananas entfernen und das Fruchtfleisch würfeln. Eine Zwiebel pellen und in feine Ringe schneiden. Mais abtropfen lassen. Das Gemüse und die Ananaswürfel vermengen. 4 Bätter Lollo Rosso auf 4 Frühstücksteller verteilen, gemischten Salat darauf drapieren und mit 1 EL gehackter Petersilie bestreuen.

Dazu reichen Sie ein Joghurt-Dressing nach Wahl (etwa Joghurt-Dressing „mit Pfiff", Seite 75).

Gut dazu passen außerdem Zitronendressing, Currydressing oder Cocktaildressing.

Enthält pro Portion ca.: **Fett: 2 g** **Cholesterin: 2 mg** **BE: 0,5**

Eisbergsalat mit Dilljoghurt

Zutaten:

1/4 Eisbergsalat
1/2 Kopfsalat
oder Radicchio
oder Endiviensalat
oder
150 g Feldsalat
200 g Tomaten
150 g Möhren

Zubereitung:

Den Eisbergsalat und den Feldsalat putzen, waschen und in feine Streifen schneiden. Tomaten waschen, Stielansatz entfernen und würfeln. Möhren waschen, putzen und grob raspeln. Alles in einer Salatschüssel vermengen.

200 g Magermilchjoghurt
3 EL Kondensmilch 4 % Fett
1 EL „leichte Salatcreme" 16 % Fett
1/2 Bund Dill
1/2 Bund Schnittlauch
1 Zitrone
Pfeffer
Jodsalz
evtl. Zucker/Süßstoff

Dilljoghurt:

Joghurt, Kondensmilch und Salatcreme cremig rühren. Dill waschen, trockentupfen, Spitzen abzupfen und zur Marinade geben. Schnittlauch waschen, trocken tupfen, in Röllchen schneiden und dazugeben. Den Saft einer Zitrone mit der Marinade verrühren. Mit Pfeffer, Jodsalz, evtl. Zucker/Süßstoff abschmecken.

Enthält pro Portion ca.: **Fett: 1,5 g** **Cholesterin: 3 mg** **BE: 0,3 (4 g KH)**

Staudensellerie mit Ananas und Quinoa

Zubereitung:

Das Wasser kochen, Gemüsebrühpulver und Quinoa hinzufügen, aufkochen. Zugedeckt bei schwacher Hitze ca. 15 Min. ausquellen lassen. Anschließend Quinoa in einem Sieb abtropfen lassen und die Flüssigkeit auffangen. Sellerie putzen, waschen und in feine Scheiben schneiden. Möhren waschen, putzen und grob raspeln. Paprika waschen, putzen und in feine Streifen schneiden. Eine halbe Ananas würfeln. Quinoa mit dem Gemüse und der Ananas vermengen.

Zutaten:

250 ml Wasser
1 TL Gemüsebrühpulver
100 g Quinoa
(Quinoa ist in Reform- und Naturkostgeschäften erhältlich)
1 Stange Staudensellerie
150 g Möhren
1 rote Paprika
1/2 Ananas (ca. 300 g)

Salatsauce:

Quinoa-Kochwasser mit Zitronenschale, Zitronensaft und gehackter Petersilie verrühren.
Mit Koriander, Paprikapulver, gemahlenem Kümmel, Zimt und Cayennepfeffer abschmecken.
Die Salatsauce mit dem noch warmen Quinoasalat vermengen und 30 Min. durchziehen lassen.
Nochmals abschmecken.

3 EL Quinoa-Kochwasser
abgeriebene Schale 1 unbehandelten Zitrone
2 EL Zitronensaft
1 EL gehackte Petersilie
1/4 TL Koriander
1/2 TL Paprikapulver
1/4 TL gemahlener Kümmel
1 Prise Zimt
Cayennepfeffer

Enthält pro Portion ca.: **Fett: 1,5 g** **Cholesterin: 0 mg** **BE: 2**

Weizen-Linsen-Salat

Zutaten:

150 g Weizenkörner
600 ml Gemüsebrühe
150 g rote Linsen
400 g Tomaten
200 g grüne Paprika
60 g Zwiebeln
1 Bund Frühlingszwiebeln

Zubereitung:

Die Weizenkörner mit der halben Menge Gemüsebrühe (300 ml) ca. 20 Min. kochen und 40 Min. ohne Hitzezufuhr ausquellen lassen. Linsen in der restlichen Gemüsebrühe (300 ml) ca. 30 Min. kochen. Tomaten waschen, Stielansatz entfernen und würfeln. Paprika waschen, putzen und in Streifen schneiden. Zwiebeln pellen, abspülen und fein würfeln. Frühlingszwiebeln putzen, waschen und in feine Ringe schneiden.

Salatsauce:

2 EL Oliven- oder Rapsöl
2 EL Kräuteressig
2 EL Zitronensaft
2 TL mittelscharfer Senf
6 EL Wasser
Pfeffer, Zucker/Süßstoff
Jodsalz oder jodiertes Kräutersalz
1 Pck. tiefgekühlte 8-Kräutermischung

Öl mit Kräuteressig, Zitronensaft, Senf und Wasser verrühren. Mit Pfeffer, Zucker/Süßstoff, Jodsalz oder jodiertem Kräutersalz abschmecken. Das Gemüse und den Weizen miteinander vermengen, die Salatsauce unterziehen und die tiefgekühlte Kräutermischung untermengen. Ca. 30 Min. durchziehen lassen und nochmals abschmecken.

Enthält pro Portion ca.: **Fett: 7 g** **Cholesterin: 0 mg** **BE: 2**

Kartoffelsalat »Schwäbische Art«

Zubereitung:

Die Kartoffeln waschen und als Pellkartoffeln gar kochen (20–25 Min.). In dieser Zeit die Salatsauce zubereiten: Gemüsebrühpulver im heißen Wasser auflösen. Mit Balsamicoessig, Kräuteressig, Öl und Senf verrühren. Mit Pfeffer, Jodsalz/Gemüsebrühpulver sehr kräftig abschmecken. Frühlingszwiebeln putzen, waschen, in feine Ringe schneiden und unter die Marinade mengen.
Kartoffeln pellen, etwas abkühlen lassen und vorsichtig in Scheiben schneiden.
Mit der noch heißen Salatsauce vermengen und ca. 1 Stunde durchziehen lassen.
Inzwischen die Salatgurke waschen, schälen, längs halbieren, entkernen und in feine Scheiben schneiden. Radieschen waschen, in Scheiben schneiden, Schnittlauch waschen, trockentupfen und in Röllchen schneiden.
Alle Zutaten vorsichtig miteinander vermengen und nochmals kräftig abschmecken.

Zutaten:

1 kg festkochende Kartoffeln
1 TL Gemüsebrühpulver
250 ml heißes Wasser
1 EL Balsamicoessig
3 EL Kräuteressig
1 EL Oliven- oder Rapsöl
2 TL mittelscharfer Senf
Pfeffer
Jodsalz
Gemüsebrühpulver
1 Bund Frühlingszwiebeln
300 g Salatgurke
1 Bund Radieschen
1 Bund Schnittlauch

Der Salat schmeckt sowohl warm als auch kalt.

Enthält pro Portion ca.: **Fett: 2,5 g** **Cholesterin: 0 mg** **BE: 3**

Kartoffelsalat »de luxe«

Zutaten:

1 kg festkochende Kartoffeln
1 rote Paprika
100 g Gewürzgurken
200 g Mais (Dose)
1 Bund Schnittlauch
100 g Ananas (Dose)

Zubereitung:

Die Kartoffeln waschen und als Pellkartoffeln kochen, kurz kalt abspülen, pellen, abkühlen lassen und in Scheiben schneiden. Paprika waschen, putzen und würfeln. Die Gewürzgurken würfeln und den Mais abtropfen lassen. Schnittlauch waschen, trockentupfen und in Röllchen schneiden. Ananas abtropfen lassen und würfeln.
Alle Zutaten in einer Salatschüssel vermengen.

Salatsauce:

300 g Magermilchjoghurt
2 EL „leichte Salatcreme" 16 % Fett
2–3 TL Senf
Pfeffer, Jodsalz
2 EL Zitronensaft
1 Msp. Curry
2 EL Orangensaft

Joghurt mit Salatcreme verrühren.
Mit Senf, Pfeffer, Zitronensaft, Jodsalz, Curry oder Zitronensaft, Orangensaft abschmecken.
Die Salatsauce vorsichtig mit den anderen Zutaten vermengen, 1 Stunde durchziehen lassen und nochmals kräftig abschmecken.

Enthält pro Portion ca.: **Fett: 2,5 g** **Cholesterin: 4 mg** **BE: 3**

Kartoffelsalat fruchtig-pikant

Zubereitung:

Die Kartoffeln als Pellkartoffeln kochen, anschließend pellen, abkühlen lassen und in Scheiben schneiden. Apfel waschen, Kerngehäuse entfernen und fein würfeln. Die Gewürzgurken in feine Streifen schneiden, Zwiebel pellen, abspülen und fein würfeln.
Alles in einer Salatschüssel vermengen.

Zutaten:

1 kg festkochende Kartoffeln
1 kleiner Apfel (ca. 150 g)
100 g Gewürzgurken
1 Zwiebel

Salatsauce:

Die Zwiebel pellen, abspülen und fein hacken.
Zusammen mit Joghurt, Quark, Salatcreme und Mineralwasser cremig pürieren.
Mit Senf, Jodsalz, Pfeffer, etwas Gewürzgurkenwasser abschmecken.
Schnittlauch und Petersilie waschen und trockentupfen. Petersilie fein hacken, Schnittlauch in Röllchen schneiden und unter die Salatsauce rühren.
Die Salatsauce vorsichtig mit den restlichen Zutaten vermengen, 1 Stunde durchziehen lassen und nochmals abschmecken. Mit Kirschtomaten oder Tomatenachteln garnieren.

1 kleine Zwiebel
150 g Magermilchjoghurt
100 g Magerquark
100 ml Mineralwasser
2 EL „leichte Salatcreme"
16 % Fett
1–2 TL Senf
Jodsalz
Pfeffer
etwas Gewürzgurkenwasser
1/2 Bund Schnittlauch
1/2 Bund Petersilie
6–8 Kirschtomaten oder
1–2 Tomaten

Enthält pro Portion ca.: **Fett: 2 g** **Cholesterin: 3 mg** **BE: 3**

Nudelsalat »übliche Art«

Zutaten:

250 g Vollkornspiralnudeln
300 g Möhren
250 g tiefgekühlte Erbsen
100 ml Gemüsebrühe
2 Gewürzgurken (200 g)
60 g gekochter Schinken
1 Zwiebel

Zubereitung:

Die Vollkornspiralnudeln in reichlich kochendem Salzwasser ca. 5 Min. al dente garen. In einen Durchschlag gießen, kalt abschrecken und abtropfen lassen. Möhren waschen, schälen und fein würfeln. Zusammen mit Erbsen in Gemüsebrühe ca. 5 Min. garen. Paprikawürfel hinzufügen und ca. 1 Min. mitgaren. Die Gewürzgurken würfeln oder in feine Streifen schneiden. Den Fettrand vom Schinken abschneiden, verwerfen, den Schinken in feine Streifen schneiden. Eine Zwiebel pellen, abspülen und fein hacken. Alle Zutaten in einer Salatschüssel miteinander vermengen.

Salatsauce:

300 g Magermilchjoghurt
2 EL „leichte Salatcreme" 16 % Fett
2 EL Gewürzgurkenwasser
Pfeffer
Jodsalz/Kräutersalz
Zitronensaft und/oder Kräuteressig (ca. 2 EL)
1 EL gehackte Petersilie
1 EL Schnittlauchröllchen

Joghurt mit Salatcreme und Gewürzgurkenwasser verrühren. Mit Pfeffer, Jodsalz/Kräutersalz, Zitronensaft und/oder Kräuteressig (je nach Geschmack) abschmecken. Petersilie und Schnittlauchröllchen untermengen. Die Salatsauce unter den Salat mengen, 1 Stunde durchziehen lassen und nochmals abschmecken.

Enthält pro Portion ca.: **Fett: 6 g** **Cholesterin: 17 mg** **BE: 3,5**

Nudelsalat »italienische Art«

Zutaten:

250 g Vollkornspiralnudeln
150 g tiefgekühlte Erbsen
300 ml Gemüsebrühe
1 rote Paprika (ca. 200 g)
1 grüne Paprika (ca. 200 g)
150 g Mais (Dose)
1–2 große Gewürzgurken
1 Zwiebel (50 g)
80 g Putenbrustaufschnitt

Zubereitung:

Die Vollkornspiralnudeln in reichlich kochendem Wasser ca. 5 Min. al dente kochen. In einen Durchschlag gießen und mit kaltem Wasser abschrecken. Erbsen in Gemüsebrühe ca. 10 Min. dünsten, abgießen und das Kochwasser dabei auffangen. Roten und grünen Paprika waschen, putzen und in feine Streifen schneiden. Mais abtropfen lassen. Gewürzgurken fein würfeln, die Zwiebel pellen, abspülen und fein würfeln. Putenbrustaufschnitt in feine Streifen schneiden. Alle Zutaten in einer Salatschüssel vermengen.

Salatsauce:

150 ml Erbsenkochwasser
4–5 EL Tomatenketchup
Pfeffer
Paprikapulver
Kräutersalz
Curry
evtl. Gewürzgurkenwasser
Knoblauch
Kräuter der Provence

Das Erbsenkochwasser mit Tomatenketchup verrühren. (Wahlweise kann anstelle des Tomaten- auch Curryketchup verwendet werden). Mit Pfeffer, Paprikapulver, Kräutersalz, Curry, evtl. Gewürzgurkenwasser, Knoblauch und je nach Geschmack mit Thymian, Oregano, Basilikum oder Kräutern der Provence abschmecken. Die Sauce mit dem Salat vermengen, ca. 1 Stunde durchziehen lassen und nochmals abschmecken.

Enthält pro Portion ca.: **Fett: 4,0 g** **Cholesterin: 12 mg** **BE: 3,5**

Nudelsalat »mal anders«

Zutaten:

250 g Vollkornspiralnudeln
1 rote Paprika (200 g)
1 kleine Zwiebel (30 g)
300 g Mais (Dose)
100 g Senfgurken

Zubereitung:

Die Vollkornspiralnudeln in reichlich kochendem Salzwasser ca. 5 Min. al dente garen. In einen Durchschlag gießen, kurz kalt abspülen und abtropfen lassen. Die Paprika waschen, putzen und in sehr feine Streifen schneiden. Eine Zwiebel pellen, abspülen und sehr fein hacken. Mais gut abtropfen lassen. Gurken fein würfeln. Alle Zutaten in einer Salatschüssel vermengen.

150 g Magermilchjoghurt
100 g Magerquark
100 ml Kondensmilch
4 % Fett
3 EL „leichte Salatcreme"
16 % Fett
5–6 EL Curryketchup (100 g)
1 EL gehackte Petersilie
50 ml Senfgurkenwasser
1–2 TL mittelscharfer Senf
Pfeffer
Currypulver
Jodsalz oder Kräutersalz
Zucker /Süßstoff
evtl. Senf oder Curryketchup
Gurkenwasser

Salatsauce:

Joghurt mit Quark, Kondensmilch, Salatcreme, Ketchup, Petersilie, Senfgurkenwasser und Senf in einer Rührschüssel mit einem Schneebesen cremig rühren.
Mit Pfeffer, Currypulver, Jodsalz oder Kräutersalz, Zucker/Süßstoff, evtl. Senf oder Curryketchup und Gurkenwasser kräftig abschmecken.

Enthält pro Portion ca.: **Fett: 6,5 g** **Cholesterin: 5 mg** **BE: 4,5 (verst. Zucker)**

Info:

Die „leichte" Salatcreme ist eine Mayonnaise mit nur 16–20% Pflanzenfett.
Beim Einkauf bitte auf die Deklaration der Verpackung sowie auf die Zutatenliste achten.

Reissalat »Indien«

Zubereitung:

Den Reis erst heiß, dann kalt in einem Haarsieb abspülen und abtropfen lassen. Eine Zwiebel pellen, abspülen und fein hacken. In einem mit Öl eingepinselten Topf glasig dünsten. Mit Wasser ablöschen, einem Lorbeerblatt und einer Nelke aufkochen. Jodsalz und Reis hinzufügen, einmal aufkochen und ca. 20 Min. bei milder Hitze ausquellen lassen. Rote und grüne Paprika waschen, putzen und in feine Streifen schneiden. Lauch/Porree putzen, waschen und in feine Ringe schneiden. Ananas/Mandarinenfilets gut abtropfen lassen und Saft dabei auffangen. Ananas in kleine Stücke schneiden. Den Fettrand vom Schinken entfernen und verwerfen, Schinken in Streifen schneiden. Alle Zutaten in einer Salatschüssel vermengen und abkühlen lassen.

Zutaten:

200 g Reis parboiled
1 kleine Zwiebel
1 TL Oliven- oder Rapsöl
500 ml Wasser
1 Lorbeerblatt
1 Nelke
1/2 TL Jodsalz
1 rote Paprika
1 grüne Paprika
150 g Lauch/Porree
1 kleine Dose Ananas (leicht gezuckert) oder 1 Dose Mandarinenfilets
100 g Kochschinken

Salatsauce:

Joghurt mit Quark, Ananas-/Mandarinensaft, Obstessig sowie Salatcreme cremig aufschlagen. Eine Zwiebel pellen, abspülen, fein hacken und unterrühren. Mit Currypulver, Pfeffer, Jodsalz, Süßstoff/Zucker, evtl. Essig und Obstsaft abschmecken. Die Salatsauce mit den anderen Zutaten vorsichtig vermengen und ca. 1 Stunde durchziehen lassen. Nochmals abschmecken und mit Kresse oder gehackter Petersilie garnieren.

150 g Magermilchjoghurt
100 g Magerquark
4–5 EL Ananas-/Mandarinensaft
2 TL Obstessig
3 EL „leichte Salatcreme" 16 % Fett
1 kleine Zwiebel
1–2 TL Currypulver, Pfeffer, Jodsalz, Süßstoff/Zucker
evtl. Essig und Ananassaft
1 Topf Kresse o. 2 EL geh. Petersilie

Enthält pro Portion ca.: **Fett: 5 g** **Cholesterin: 24 mg** **BE: 5**

Klarer Reissalat

Zutaten:

200 g Reis parboiled
1 kleine Zwiebel
1 TL Oliven- oder Rapsöl
500 ml Gemüsebrühe
400 g tiefgefrorene Erbsen und Möhrenwürfel
1 Msp. gemahlenen Liebstöckel
200 g Mais (Dose)
1 rote Paprika (200 g)
100 g Kochschinken (ohne Fettrand) oder Putenbrustaufschnitt

Zubereitung:

Den Reis erst heiß, dann kalt in einem Haarsieb abspülen und abtropfen lassen. Eine Zwiebel pellen, abspülen und fein hacken. In einem mit Öl ausgepinselten Topf glasig dünsten. Mit Gemüsebrühe ablöschen, einmal aufkochen. Den Reis insgesamt 20 Min. ausquellen lassen. Nach 10 Min. Quellzeit die tiefgefrorenen Erbsen und Möhrenwürfel und Liebstöckel hinzufügen, umrühren und bei mittlerer Hitzezufuhr weitere 10 Min. quellen/garen.
Ab und zu umrühren.
Mais gut abtropfen lassen, Paprika waschen, putzen und fein würfeln, Kochschinken oder Putenbrust in feine Streifen schneiden. Den Reis in ein Haarsieb geben und die Garflüssigkeit in einer Schüssel auffangen. Mais, Paprika und Schinken unter den Reis mengen.

Salatsauce:

150 ml Garflüssigkeit vom Reis (evtl. mit Gemüsebrühe auffüllen)
1–2 EL Weinessig oder Essig Balsamico bianco
2 EL Zitronensaft
1/2 TL Senf
1 EL Oliven- oder Rapsöl
Pfeffer
Kräutersalz
evtl. 1–2 Spritzer Worcester Sauce
Liebstöckel
1 EL gehackte Petersilie

Die Garflüssigkeit mit Essig, Zitronensaft, Senf und Öl verrühren. Mit Pfeffer, Kräutersalz, evtl. 1–2 Spritzern Worcester Sauce, Liebstöckel abschmecken.
Den Salat ca. 30 Min. durchziehen lassen und eventuell nochmals nachwürzen. Mit gehackter Petersilie garnieren.

Enthält pro Portion ca.: **Fett: 5,4 g** **Cholesterin: 21 mg** **BE: 3**

Dressings

Dressings

Alle Rezepte für 4 Personen

Dressingvariationen

Diese **Salatdressings** können Sie **für alle Blattsalate** und **Rohkosten,** aber auch für **Kartoffel-, Nudel- oder Reissalate** verwenden. Beispiele zu diesen Salaten finden Sie auf den Seiten 56 bis 72. Hier sind einige Vorschläge aufgeführt, wie Sie das Dressing geschmacklich abwandeln können. Probieren und experimentieren Sie mit Kräutern und Gewürzen, um Ihre persönlichen Lieblingsdressings herauszufinden.
Gemüse und mageres Fleisch, das vom Mittagessen übrig geblieben ist, können Sie mit einer Salatsauce Ihrer Wahl vermengen und als Brotbelag verwenden (z. B. Fleischsalat, Heringssalat).

Essig-Öl-Dressing

Verwenden Sie Öle immer sehr sparsam, da sie sehr kalorienreich sind (d. h. nur 1 EL Öl auf 4 Portionen). Jedes Speiseöl kennzeichnet ein typischer Geschmack, so dass Sie schon dadurch Ihre Geschmacksrichtung wählen können. Generell empfehlenswert ist kalt gepresstes Öl für Salatdressings, besonders Oliven-, Raps-, und Nussöl. Gerade diese Öle können helfen, Blutfettwerte zu normalisieren.
Kalt gepresstes Öl ist geschmacksintensiv. Wer den Geschmack von Olivenöl nicht mag, sollte raffiniertes Olivenöl auswählen. Durch den Raffinationsprozess wird der Geschmack neutral. Rapsöl ist von natur aus geschmacksneutral.
Auch je nach Essigsorte erhält das Dressing eine andere geschmackliche Note.

Grundrezept Vinaigrette

Zutaten:

1 EL Pflanzenöl (s. Seite 73)
2 TL Kräuteressig
1–2 TL Zitronensaft
6 EL Wasser

Zubereitung:

Öl mit Kräuteressig, Zitronensaft und Wasser verrühren. Mit jodiertem Kräutersalz, Pfeffer, evtl. Paprikapulver, Zucker oder Süßstoff abschmecken.

Etwa 1 g Johannisbrotkernmehl unterrühren (s. S. 28) und ca. 30 Minuten ausquellen lassen. Dadurch wird das Dressing sämiger.

Enthält pro Portion ca.:	**Fett: 3 g**	**Cholesterin: 0 mg**	**BE: 0**

Abwandlungen der Vinaigrette:

French Dressing

Ins Grundrezept 1 TL mittelscharfen Senf unterrühren. Das hebt den Geschmack und mildert die Säure ab.

Mit Dill

1/2–1 Bund Dill waschen, fein hacken und unter das Grundrezept rühren: passt gut zu 400 g Gurkenscheiben oder Zucchini.

Mit Petersilie und/oder Schnittlauch

Grundrezept mit 1/2–1 Bund gehackter Petersilie und/oder Schnittlauchröllchen verfeinern: passt zu allen Blattsalaten und Salaten aus gegartem Gemüse.

Mit Tomatenwürfeln und Basilikum

Das Grundrezept anfertigen und verfeinern mit: 6 kleine Tomaten blanchieren (Stielansatz der Tomaten entfernen, auf der gegenüberliegenden Seite kreuzweise einschneiden, ca. 5 Sekunden in kochendes Wasser legen, mit kaltem Wasser kurz abschrecken) und die Haut abziehen. Tomaten halbieren, entkernen, das Tomatenfleisch in Würfel schneiden und unter das Dressing mengen. 1 Bund Basilikum waschen, fein hacken und untermengen. Als Öl eignet sich Olivenöl. Die Tomatenwürfel können Sie auch gegen Paprikawürfel austauschen.

Einfaches Joghurt-Dressing

Zubereitung:

Joghurt, Zitronensaft, evtl. Essig und die Kondensmilch verrühren.
Mit Kräutern und Gewürzen abschmecken (s. Variationen beim Joghurt-Dressing mit „Pfiff").

Zutaten:

150 g Naturjoghurt
0,1–1,5 % Fett
1–2 TL Zitronensaft
und/oder 1–2 TL Essig
2 EL Kondensmilch 4 % Fett

Enthält pro Portion ca.: **Fett: 0,3 g** **Cholesterin: 1 mg** **BE: 0,25**

Joghurt-Dressing mit »Pfiff«

Zubereitung:

Quark, Joghurt, Mineralwasser und Salatcreme mit dem Schneebesen cremig aufschlagen.
Je nach Geschmack kann 1 kleine, fein gewürfelte Zwiebel hinzugefügt werden. Alle Zutaten zusammen cremig pürieren. Mit Kräutern und Gewürzen abschmecken (s. S. 76).

Zutaten:

100 g Magerquark
150 g Magermilchjoghurt
100 ml Mineralwasser
2 EL »leichte Salatcreme«
16 % Fett
evtl. 1 Zwiebel

Enthält pro Portion ca.: **Fett: 1 g** **Cholesterin: 2 mg** **BE: 0**

Info:

Die „leichte" Salatcreme ist eine Mayonnaise mit nur 16–20 % Pflanzenfett.
Beim Einkauf bitte auf die Deklaration der Verpackung sowie auf die Zutatenliste achten.

Abwandlungen des Joghurt-Dressings

Wenn Sie den Mayonnaisegeschmack nicht mögen, können Sie 2 gestrichene EL fettreduzierten Frischkäse (mit max. 5–8 % Fett absolut) oder 4 EL Kondensmilch mit 4% Fett anstelle der Salatcreme verwenden.

Zitronen-Dressing

Grundrezept mit 2–3 EL Zitronensaft, abgeriebene Schale 1 unbehandelten Zitrone, Pfeffer, Zucker oder Süßstoff, 1 Prise jodiertem Kräutersalz und 1/2–1 Bund Schnittlauch, in Röllchen geschnitten, abschmecken.

Curry-Dressing

Grundrezept mit 1 El Zitronensaft, 2–3 EL Orangensaft, jodiertem Kräutersalz, Pfeffer, 1–2 TL Currypulver und Schnittlauchröllchen abschmecken.

Cocktail-Dressing

Nehmen Sie 100 g Magerquark, 150 g Magermilchjoghurt, 50 ml Mineralwasser, 100 ml Buttermilch und 2 EL »leichte Salatcreme«. Alles zusammen mit einem Schneebesen cremig aufschlagen.
Würzen Sie mit 1/2 TL Tomatenmark, 1–2 TL Tomatenketchup, 1–2 TL Kräuteressig, evtl. 1 TL Zitronensaft, jodiertem Kräutersalz, Pfeffer, Paprikapulver und geben Sie 1/2 Bund gehackte Petersilie hinzu.

Enthält pro Portion ca.:	**Fett: 1 g**	**Cholesterin: 3 mg**	**BE: 1/4**

French-Joghurt-Dressing

Schmecken Sie das Grundrezept ab mit 1–2 TL Senf (z. B. Dijonsenf), 1–2 TL Kräuteressig, 1–2 EL Gewürzgurkenwasser, evtl. 1–2 TL Zitronensaft, Zucker oder Süßstoff, Pfeffer, jodiertem Kräutersalz und gehackter Petersilie und/oder Schnittlauchröllchen. Gut passen dazu Paprikawürfel oder gewürfelte Gewürzgurken.

Senf-Dressing

Verfeinern Sie das Grundrezept mit 4–5 TL mittelscharfem Senf, je 1–2 TL Kräuteressig und Zitronensaft, Pfeffer, Süßstoff oder Zucker, jodiertem Speisesalz und Dillspitzen (1 TL getrocknet oder 1/2 Bund frisch).

Kräuter-Knoblauch-Dressing

1 kleine Zwiebel fein hacken, 1–2 Knoblauchzehen durch die Knoblauchpresse drücken. Mit dem Grundrezept vermengen. Mit 2 TL Zitronensaft, 1–2 TL Kräuteressig, Süßstoff oder Zucker und jodiertem Kräutersalz sowie Pfeffer abschmecken.
Je 1/4–1/2 Bund gehackte Petersilie und Schnittlauchröllchen untermengen.
2–4 fein gehackte Blätter Zitronenmelisse frischen das Dressing auf.

Dips

Diese Dips passen gut zu Gemüsesticks (z. B. Paprika, Gurke, Kohlrabi, Rettich und Möhren), die Sie auf Parties oder als abendliche Knabbereien servieren können. Ihren Gästen können Sie durch diese Dips besondere Geschmackserlebnisse zum Barbecue, Raclette oder auch Fondue bereiten. Auch die Abwandlungen der Joghurt-Dressings eignen sich hervorragend dazu.

Grundrezept Joghurt-Dips

Zubereitung:

Quark mit Magermilchjoghurt und Salatcreme verrühren.

Zutaten:

100 g Magerquark
150 g Magermilchjoghurt
2 EL »leichte Salatcreme« (16 % Fett)

Geschmackliche Abwandlungen finden Sie bei den Joghurt-Dressings auf Seite 76.

Chili-Dip

Zubereitung:

Die Tomaten waschen, blanchieren, häuten und in Würfel schneiden bzw. fertige Tomatenwürfel verwenden. Die Chilischote waschen und fein würfeln. Die Zwiebel pellen, fein hacken und in einem mit Öl ausgepinselten Topf glasig dünsten. Mit Gemüsebrühe ablöschen. Tomaten und Chilischote hinzufügen und ca. 5 Min. bei mittlerer Hitze dünsten. Pürieren und 10 Min. einkochen lassen. Mit Pfeffer/Cayennepfeffer, Paprikapulver, Jodsalz abschmecken.

Zutaten:

1 TL Oliven- o. Rapsöl
300 g Tomaten oder 250 g fertige Tomatenwürfel oder pürierte Tomaten
1 Chilischote
1 kleine Zwiebel
50 ml Gemüsebrühe
Cayennepfeffer, Paprikapulver, Jodsalz/Kräutersalz

Enthält pro Portion ca.: **Fett: 1 g** **Cholesterin: 2 mg** **BE: 0**

Dijon-Dip

Zutaten:

150 g Magermilchjoghurt
1 TL »leichte Salatcreme«
(16 % Fett)
je 2 TL Dijonsenf
und scharfen Senf

Zubereitung:

Joghurt mit Salatcreme und Senf verrühren. Mit Zitronensaft, Pfeffer, Jodsalz abschmecken. Als Garnitur eignen sich Senfkörner und Schnittlauchröllchen.

Enthält pro Portion ca.: **Fett: 1 g** **Cholesterin: 3 mg** **BE: 0**

Kapern-Dip

Zutaten:

100 g Magerquark
150 g Magermilchjoghurt
2 TL Kapernwasser (Glas)
1 EL Kapern (Glas)
1–2 TL Kapern (Glas)
1 Msp. Curry
Pfeffer, Jodsalz,
1 EL geh. Petersilie

Zubereitung:

Quark mit Magermilchjoghurt, Kapernwasser, 1 EL Kapern pürieren und die restlichen Kapern unterrühren. Mit Pfeffer, Curry, evtl. Jodsalz abschmecken. Mit gehackter Petersilie garnieren.

Enthält pro Portion ca.: **Fett: 1 g** **Cholesterin: 3 mg** **BE: 0**

Käse-Dip

Zutaten:

160 g Scheibletten
(30 % Fett i.Tr.)
4 EL Wasser
300 g Magermilchjoghurt
Muskat
Pfeffer
1 EL Schnittlauchröllchen

Zubereitung:

Käse mit Wasser bei geringer Hitze schmelzen lassen. Topf vom Herd nehmen und Magermilchjoghurt löffelweise unterrühren. Mit Muskat, Pfeffer abschmecken. Mit Schnittlauchröllchen garnieren.

Enthält pro Portion ca.: **Fett: 6,5 g** **Cholesterin: 15 mg** **BE: 0,25**

Griechischer Dip

Zubereitung:

Die Knoblauchzehe und die Zwiebel pellen, fein hacken und in Öl glasig dünsten. Tomaten hinzufügen und bei milder Hitze ca. 15 Min. sämig einkochen lassen. Mit Pfeffer, Paprika, Thymian und Jodsalz abschmecken. Mit gehacktem Basilikum garnieren.

Zutaten:

1 Knoblauchzehe
1 kleine Zwiebel
1 TL Olivenöl
500 g pürierte Tomaten
Paprikapulver, Pfeffer, Thymian, Jodsalz, 5–6 Basilikumblätter

Enthält pro Portion ca.: **Fett: 1 g** **Cholesterin: 0 mg** **BE: 0**

Paprika-Dip

Zubereitung:

Die Paprikaschoten waschen, putzen, fein würfeln. Knoblauchzehe und Zwiebel pellen, fein hacken und in Öl glasig dünsten. Mit Gemüsebrühe ablöschen, Paprika hinzufügen und ca. 10 Minuten weich dünsten. Pürieren, ca. 10 Min. unter Rühren einkochen lassen. Mit Pfeffer, Jodsalz, Paprikapulver, Dillspitzen abschmecken.

Zutaten:

400 g rote Paprikaschoten
1 Knoblauchzehe
1 kleine Zwiebel
1 TL Olivenöl
100 ml Gemüsebrühe
Paprikapulver, Pfeffer
Dillspitzen, Jodsalz

Enthält pro Portion ca.: **Fett: 1 g** **Cholesterin: 0 mg** **BE: 0**

Tzaziki

Zubereitung:

Quark mit Dickmilch verrühren, Knoblauchzehen pellen, durch die Knoblauchpresse geben. Die Zwiebel pellen, fein würfeln und die Salatgurke waschen, schälen und fein reiben. Alle Zutaten miteinander verrühren. Eventuell 1 Blatt Zitronenmelisse fein hacken und unterrühren. Mit Pfeffer, Jodsalz abschmecken.

Zutaten:

300 g Magerquark
150 g Dickmilch 1,5 % Fett
2 Knoblauchzehen
1 Zwiebel
1/2 Salatgurke
Pfeffer, Jodsalz
1 Blatt Zitronenmelisse

Enthält pro Portion ca.: **Fett: 0,6 g** **Cholesterin: 3 mg** **BE: 0**

Soßen

Probieren Sie die Soßen *ohne Mehlschwitze* aus!

Zubereitungsarten

Tipp 1

Bei Verwendung eines Bratensatzes

Wichtig ist, den vegetarischen Bratling oder das Fleisch in einer Bratpfanne zu braten, die nur mit Öl ausgepinselt ist. Dazu benötigen Sie max. 1 EL Öl.
Das Bratgut aus der Pfanne nehmen. Die beim Braten entstandenen Ablagerungen am Pfannenboden (= Bratensatz) mit Gemüsebrühe oder entfetteter Fleischbrühe ablöschen, unter Rühren vom Pfannenboden ablösen und durch ein Haarsieb geben. Diesen Bratenfond in einem Kochtopf auffangen.

Erste Bindungsart:

Pro 200 ml Bratenfond 1 g bzw. 1 Messlöffel Johannisbrotkernmehl (s. S. 28) (Reformhaus) unter Rühren einstreuen, ca. 5 Min. ausquellen lassen und nach Belieben würzen.

Zweite Bindungsart:

Pro 100 ml Bratenfond ca. 4 g Weizenmehl Type 1050 für helle Soßen oder Weizenmehl Type 1700 für dunkle Soßen in etwas kaltem Wasser glatt rühren, in den Bratenfond einrühren, einmal aufkochen lassen und nach Belieben würzen.

Dritte Bindungsart:

Pro 100 ml Bratenfond benötigen Sie ca. 40 g fein geriebene Kartoffeln, die Sie im Bratenfond ca. 5 Min. kochen. Dann mit einem Pürierstab pürieren und nach Belieben würzen.

Tipp 2

Bei verschiedenen Gemüsesoßen

Je nach gewünschter Farbe der Soße können Sie entsprechendes Gemüse verwenden: (s. Rezepte Seite 82 bis 87)

Rote Soße:	z. B. Rote Paprika, Tomaten
Grüne Soße:	z. B. Grüne Paprika, Spinat, Brokkoli, Romanesco, Erbsen, grüne Bohnen
Helle Soße:	z. B. Blumenkohl, Knollensellerie, Spargel, Kohlrabi, Rettich, Lauch

Das Gemüse bedeckt in der Gemüsebrühe weich garen und pürieren. Nach Belieben würzen.

Zum Verfeinern von Soßen eignet sich Kondensmilch mit 4 % Fett anstelle von süßer Sahne, die 30 % Fett enthält. Anstelle von Crème fraîche, Crème double oder Schmand ist saure Sahne (10 % Fett) die fettarme Alternative.

Vegetarische braune Soße

Zutaten:

1 Zwiebel (ca. 50 g)
150 g Möhren
200 g Knollensellerie
1 EL Oliven- oder Rapsöl
1 TL Tomatenmark
15 g Weizenmehl Type 1050
350 ml Gemüsebrühe
Liebstöckel
Paprikapulver
Worcestersauce

Zubereitung:

Die Zwiebel pellen und fein würfeln. Die Möhren waschen, putzen und fein würfeln. Den Sellerie waschen, schälen und fein würfeln. Den Kochtopfboden mit Öl einpinseln und erhitzen. Das Gemüse im Topf kräftig anbraten, so dass eine Bräunung entsteht. Diese Röststoffe geben Geschmack! Tomatenmark hinzufügen und alles mit Weizenmehl bestäuben. Unter Rühren Tomatenmark und Mehl ca. 2 Min. anrösten, Gemüsebrühe hinzufügen, alles ca. 5 Min. unter gelegentlichem Rühren garen. Um eine glatte Soße zu erhalten, pürieren Sie die Soße. Mit gemahlenem Liebstöckel, Pfeffer, evtl. Paprikapulver und/oder Worcestersoße, Gemüsebrühpulver oder Jodsalz abschmecken.

Tipp:

Zum Verfeinern 50 ml Kondensmilch 4 % Fett beim Pürieren hinzufügen = *Rahmsoße.*

Enthält pro Portion ca.: **Fett: 3 g** **Cholesterin: 2 mg** **BE: 0,3 (4 g KH)**

Spinatsoße

Zutaten:

1 kleine Zwiebel (40 g)
1 Knoblauchzehe
400 g Blattspinat, frisch
1 EL Oliven- oder Rapsöl
100 ml Gemüsebrühe
50 ml Milch 1,5 % Fett
50 ml Kondensmilch 4 % Fett
Pfeffer, Gemüsebrühpulver
Jodsalz

Zubereitung:

Die Zwiebeln pellen und fein würfeln. Die Knoblauchzehe pellen und durch die Knoblauchpresse drücken. Spinat waschen, verlesen und putzen. Den Kochtopfboden mit Öl einpinseln, Zwiebeln und Knoblauch glasig dünsten. Mit Gemüsebrühe ablöschen, Blattspinat hinzufügen, ca. 10 Min. dünsten, fein pürieren und beim Pürieren Milch und Kondensmilch einfließen lassen (dadurch wird die Soße cremig). Mit Pfeffer, Jodsalz/Gemüsebrühpulver abschmecken.

Enthält pro Portion ca.: **Fett: 3,5 g** **Cholesterin: 2 mg** **BE: 0 (2,5 g KH)**

Tipp:

Lachs auf Nudeln mit Spinatsoße:
Kochen Sie für vier Personen ca. 320 g eifreie Bandnudeln. 80 g geräucherten Lachs in Streifen schneiden. Nudeln auf Tellern anrichten, die Soße über eine Hälfte der Nudeln gießen und mit Lachsstreifen garnieren.

Enthält pro Portion ca.: **Fett: 8 g** **Cholesterin: 11 mg** **BE: 5**

Tomatensoße

Zubereitung:

Die Tomaten waschen, den Stielansatz entfernen und auf der gegenüberliegenden Seite kreuzweise einritzen. In kochendes Wasser geben (Schaumkelle!) und nach ein paar Sekunden bzw. wenn die Haut sich wellt, herausnehmen und kurz abschrecken (Schüssel mit kaltem Wasser bereitstellen). Tomaten häuten und würfeln.
Die Zwiebel pellen, abspülen und fein würfeln.
Die Knoblauchzehe pellen und durch die Knoblauchpresse drücken. Öl in einen hohen Kochtopf geben, den Topfboden damit auspinseln und erhitzen.
Zwiebeln und Knoblauch hinzugeben und glasig dünsten. Tomatenmark hinzugeben, kurz anrösten und mit Gemüsebrühe ablöschen. Tomatenmark und Brühe glatt rühren und ca. 5 Min. köcheln lassen.
Eine Paprikaschote waschen, putzen und würfeln.
Zusammen mit den Tomatenwürfeln zur Soße geben und noch ca. 10 Min. weich kochen, anschließend pürieren.
Mit Kräutern der Provence, Pfeffer, Paprikapulver, evtl. Gemüsebrühpulver oder Jodsalz und evtl. Tabasco abschmecken.
5–6 frische Basilikumblätter waschen, fein hacken und die Soße damit garnieren.

Zutaten:

6 Tomaten (ca. 350 g)
1 kleine Zwiebel
1 Knoblauchzehe
1 EL Oliven- oder Rapsöl
2 EL Tomatenmark (ca. 50 g)
400 ml Gemüsebrühe
1 grüne oder
1 rote Paprikaschote
Kräuter der Provence
Paprikapulver
5–6 Basilikumblätter
Gemüsebrühpulver
Jodsalz
Pfeffer
evtl. Tabasco

Enthält pro Portion ca.: **Fett: 3 g** **Cholesterin: 0 mg** **BE: 0**

Abwandlungen:

1. Anstelle der frischen Tomaten eignen sich auch ca. 250 g pürierte Tomaten (Tetrapack) oder geschälte Tomaten (Dose) oder gewürfelte Tomaten, die im Handel im Tiefkühlfach erhältlich sind. (Diese Methode ist zwar einfacher, jedoch viel ärmer an Vitaminen und Mineralstoffen und höher im Salzgehalt!)
2. Anstelle der Paprika eignen sich auch Zucchini.
3. Nach dem Pürieren in Scheiben geschnittene Champignons hinzufügen und ca. 5 Min. in der Soße kochen (dabei öfter umrühren, sonst setzt die Soße an).
4. Eine fein gewürfelte Chilischote oder 1 Piri Piri (getrocknete Chilischote) mit der o.g. Paprika zur Soße geben und mit garen. Vorsicht, sehr scharf!

Helle vegetarische Soße

Zutaten:	**Zubereitung:**
1 Zwiebel (50 g) *350 g helles Gemüse* *(z. B. Kohlrabi, Blumenkohl, Sellerie)* *1 EL Oliven- oder Rapsöl* *200 ml Gemüsebrühe* *150 ml Milch 1,5 % Fett* *50 ml Kondensmilch 4 % Fett*	Die Zwiebel pellen, abspülen und fein würfeln. Gemüse waschen, putzen und beliebig klein schneiden. Den Kochtopfboden mit Öl einpinseln und die Zwiebel darin glasig dünsten. Das Gemüse hinzufügen und in Gemüsebrühe ca. 10 Min. auf mittlerer Stufe weich kochen. Pürieren, Milch und Kondensmilch dabei einfließen lassen. Wenn Ihnen die Soße zu dünn ist, einfach mit Johannisbrotkernmehl abbinden (s. S. 28).

Enthält pro Portion ca.: **Fett: 3,5 g** **Cholesterin: 2 mg** **BE: 0 (2,3 g KH)**

Würzen mit:

Dillsoße
Pfeffer, Gemüsebrühpulver/Jodsalz, 1 EL frische oder 1 TL getrocknete Dillspitzen, 1 TL Zitronensaft *(passt gut zu Fisch).*

Kümmelsoße
Pfeffer, Gemüsebrühpulver/Jodsalz, 1 TL gemahlener Kümmel, 2 TL Schnittlauch oder/und Petersilie *(passt gut zu Kohlrouladen).*

Muskatsoße
Pfeffer, Gemüsebrühpulver/Jodsalz, 1 TL gemahlene Muskatnuss, 1 TL Zitronensaft *(passt gut zu Blumenkohl und Brokkoli).*

Petersiliensoße
Pfeffer, Gemüsebrühpulver/Jodsalz, 1–2 EL gehackte Petersilie, 1 TL Zitronensaft *(passt gut zu Gemüsegerichten und Fisch).*

Enthält pro Portion ca.: **Fett: 3,5 g** **Cholesterin: 3 mg** **BE: 0 (3,5 g KH)**

Käsesoße

Zubereitung:

Die Zwiebel pellen, abspülen und fein würfeln. Den Blumenkohl waschen, putzen und klein schneiden. Die Kartoffel waschen, schälen und fein würfeln. Den Kochtopfboden mit Öl einpinseln.
Die Zwiebel glasig dünsten, Blumenkohl, Kartoffel und Gemüsebrühe hinzufügen, alles ca. 10 Min. auf mittlerer Stufe weich dünsten. Pürieren, dabei die Milch einfließen lassen.
Käse fein raspeln und in der nicht mehr kochenden Soße unter Rühren auflösen.
Mit Pfeffer, Muskatnuss, Gemüsebrühpulver, Jodsalz, Schnittlauchröllchen abschmecken.

Zutaten:

1 kleine Zwiebel (40 g)
250 g Blumenkohl
1 mittelgroße Kartoffel
1 TL Oliven- oder Rapsöl
200 ml Gemüsebrühe
200 ml Milch 1,5 % Fett
60 g Käse 30 % Fett
Muskatnuss
1 EL Schnittlauchröllchen
Gemüsebrühpulver
Pfeffer
Jodsalz

Enthält pro Portion ca.: **Fett: 3,5 g** **Cholesterin: 11 mg** **BE: 0 (2,5 g KH)**

Dillsoße

Zubereitung:

Die Kartoffeln und den Kohlrabi waschen, schälen und klein schneiden. Kartoffeln und Kohlrabi in Gemüsebrühe ca. 10 Min. auf mittlerer Stufe weich kochen. Alles pürieren und Milch und Kondensmilch einfließen lassen. Mit Pfeffer, 1 EL frischen oder 1 TL getrockneten Dillspitzen, Jodsalz oder Gemüsebrühpulver abschmecken.

Zutaten:

150 g Kartoffeln
1 großer Kohlrabi (350 g)
300 ml Gemüsebrühe
150 ml Milch 1,5 % Fett
50 ml Kondensmilch 4 % Fett
Dillspitzen
Jodsalz
Gemüsebrühpulver
Pfeffer

Enthält pro Portion ca.: **Fett: 1,3 g** **Cholesterin: 4 mg** **BE: 0,75**

Abwandlungen:
siehe Rezept für helle Soße (Seite 84)

Champignonsoße

Zutaten:	**Zubereitung:**
300 g Champignons *2 kleine Zwiebeln* *1 EL Oliven- oder Rapsöl* *400 ml Gemüsebrühe* *50 ml Kondensmilch 4 % Fett* *3–4 g Johannisbrotkernmehl* *1 EL geh. Petersilie* *evtl. Knoblauch* *Pfeffer* *Gemüsebrühpulver* *Jodsalz*	Die Champignons mit Küchenpapier oder Gemüsebürste putzen, in Scheiben schneiden. Die Zwiebeln pellen, abspülen und fein würfeln. Den Topfboden mit Öl einpinseln. Die Zwiebeln und die Pilze darin anbraten. Mit Gemüsebrühe ablöschen und alles ca. 5 Min. bei mittlerer Hitze weich dünsten. Ca. 3/4 der Champignons mit einer Schaumkelle herausnehmen, den Rest im Kochtopf pürieren, die Champignons wieder in den Topf geben und Kondensmilch hinzufügen. Johannisbrotkernmehl unter Rühren einstreuen und ca. 5 Min. ausquellen lassen. Mit gehackter Petersilie, Pfeffer, Gemüsebrühpulver/Jodsalz, evtl. Knoblauch abschmecken.

Enthält pro Portion ca.: **Fett: 3 g** **Cholesterin: 2 mg** **BE: 0**

Zwiebelsoße

Zutaten:	**Zubereitung:**
250 g Zwiebeln *1 EL Oliven- oder Rapsöl* *300 ml Gemüsebrühe* *50 ml Kondensmilch 4 % Fett* *Liebstöckel* *Pfeffer* *Jodsalz* *Gemüsebrühpulver*	Die Zwiebeln pellen, abspülen und fein würfeln. Den Topfboden mit Öl einpinseln. Die Zwiebeln kräftig anbraten und mit Gemüsebrühe ablöschen. Zwiebeln ca. 5 Min. bei mittlerer Hitze garen. Ca. 1/3 der Zwiebeln mit der Schaumkelle herausnehmen. Die restlichen Zwiebeln pürieren. Die Zwiebeln wieder zur Soße geben und mit Kondensmilch verfeinern. Mit Pfeffer, 1 Prise gemahlenem Liebstöckel, evtl. Gemüsebrühpulver oder Jodsalz abschmecken.

Enthält pro Portion ca.: **Fett: 3 g** **Cholesterin: 2 mg** **BE: 0**

Paprika-Dill-Soße

Zubereitung:

Die Tomaten waschen, den Stielansatz entfernen, für ca. 5 Sek. in kochendes Wasser geben, mit einer Schaumkelle herausnehmen, die Haut abziehen und achteln.
Paprika waschen, putzen, Kerne abspülen und in Streifen schneiden. Zwiebel und Knoblauchzehe pellen, abspülen und fein würfeln. Den Topfboden mit Öl einpinseln, erhitzen, Zwiebel und Knoblauch glasig dünsten. Mit Gemüsebrühe ablöschen.
Paprika und Tomaten hinzufügen. Kartoffeln schälen, waschen, würfeln und zu den Paprika geben. Alles ca. 15 Min. weich dünsten und pürieren. Mit Pfeffer, 1 EL frischen oder 1 TL getrockneten Dillspitzen, Paprikapulver, Gemüsebrühpulver und Jodsalz abschmecken.

Zutaten:

4 Tomaten (ca. 300 g)
4 rote Paprika (ca. 800 g)
1 Zwiebel
1 Knoblauchzehe
1 TL Oliven- oder Rapsöl
400 ml Gemüsebrühe
160 g Kartoffeln
Dillspitzen
Paprikapulver
Pfeffer
Gemüsebrühpulver
Jodsalz

Enthält pro Portion ca.: **Fett: 2 g** **Cholesterin: 0 mg** **BE: 0,5**

Currysoße

Zubereitung:

Die Zwiebeln pellen, abspülen und fein würfeln. Die Äpfel waschen, schälen und fein würfeln. Den Topfboden mit Öl auspinseln, erhitzen, Zwiebeln und Äpfel anbraten. Mit Gemüsebrühe ablöschen. Currypulver und Milch hinzufügen. Alles ca. 10 Min. bei mittlerer Hitze kochen und fein pürieren.
Mit Pfeffer, Curry, Zitronensaft und/oder Orangensaft, Gemüsebrühpulver/Jodsalz abschmecken.

Zutaten:

2 kleine Zwiebeln (80 g)
2 Äpfel (300 g)
1 TL Olivenöl
100 ml Gemüsebrühe
2 TL Currypulver
250 ml Milch 1,5 % Fett
Curry, Pfeffer
Zitronen- oder Orangensaft
Jodsalz
Gemüsebrühpulver

Enthält pro Portion ca.: **Fett: 2 g** **Cholesterin: 4 mg** **BE: 1**

Remouladensoße

Zutaten:

200 g Magermilchjoghurt
150 g Magerquark
50 g »leichte Salatcreme« 16 % Fett
50 ml Gewürzgurkenfond
20 g Sardellenfilets
150 g Zwiebeln
80 g Gewürzgurken
je 1 EL Schnittlauch und Petersilie
$^{1}/_{2}$–1 TL Zitronensaft
Pfeffer
Jodsalz
Süßstoff oder Zucker

Zubereitung:

Joghurt mit Quark, Salatcreme, Gewürzgurkenfond und Sardellenfilets in einer Rührschüssel cremig pürieren.
Zwiebeln pellen, abspülen, in feine Würfel oder Ringe schneiden, die Gewürzgurken fein würfeln oder in feine Streifen schneiden und hinzufügen. Schnittlauch und Petersilie unterrühren.
Mit Pfeffer, Jodsalz, Zitronensaft, evtl. Süßstoff oder Zucker abschmecken.

Enthält pro Portion ca.: **Fett: 3,5 g** **Cholesterin: 18 mg** **BE: 0**

Tipp:

Zur geschmacklichen Verfeinerung können 50 g Kapern mitpüriert werden.

Hausfrauensoße

Zutaten:

1 kleine Zwiebel (40 g)
1 Apfel (150 g)
Saft von 1/2 Zitrone
100 g Gewürzgurken
150 g Magermilchjoghurt
150 g Magerquark
100 ml Gewürzgurkenfond
evtl. Zitronensaft
Pfeffer, Jodsalz
Zucker oder Süßstoff

Zubereitung:

Die Zwiebel pellen, abspülen und fein würfeln. Apfel waschen, fein würfeln oder in kleine Spalten schneiden und mit Zitronensaft beträufeln.
Die Gewürzgurken fein würfeln oder in feine Streifen schneiden. Joghurt, Quark und Gewürzgurkenfond mit dem Schneebesen cremig rühren.
Zwiebel, Apfel und Gewürzgurken unterheben.
Mit Pfeffer, Jodsalz, evtl. Zitronensaft, Zucker oder Süßstoff abschmecken.

Enthält pro Portion ca.: **Fett: 0,2 g** **Cholesterin: 1 mg** **BE: 0,5**

Sauce à la Hollandaise mit Spargel

Mit cholesterinarmem Ei-Ersatzpulver (s. S. 19)

Zubereitung:

Das Ei-Ersatzpulver mit Spargelkochwasser (125 ml) in einer Chromarganschüssel verrühren und ca. 5 Min. ausquellen lassen, nochmals umrühren. Kochtopf mit Wasser erhitzen (nicht kochen!).
Chromaganschüssel auf das Wasser setzen (Wasser darf nicht in die Eimasse gelangen!), mit einem Schneebesen die Eimasse cremig aufschlagen und dabei nach und nach weiteres Spargelwasser (100 ml) einfließen lassen. Margarine vorsichtig unterschlagen, Buttermilch unterrühren.
Mit Zitronensaft, Jodsalz oder Gemüsebrühpulver, Pfeffer, Zucker oder Süßstoff abschmecken.

Zutaten:

38 g Ei-Ersatzpulver
(Firma Natura, Nannerl oder Becel)
225 ml Spargelkochwasser
30 g Diätmargarine
150 ml Buttermilch
1 EL Zitronensaft
Jodsalz
Pfeffer
Zucker
oder Süßstoff

Zubereitung Spargel:

Spargel putzen, waschen und schälen. Die Gemüsebrühe mit Zitronensaft und dem Zucker vermengen und den Spargel ca. 15 Min. darin kochen.
Spargel warm stellen; Spargelkochwasser auffangen und abkühlen lassen, für die Sauce weiterverwenden.

Zutaten:

2 Pfund Spargel,
1 l Gemüsebrühe
1/2 Zitrone (Saft)
2 TL Zucker

Enthält pro Portion ca.: **Fett: 10 g** **Cholesterin: 2 mg** **BE: 0 (2,4 g KH)**

Fettreduzierte Hollandaise

Die Sauce Hollandaise zählt zu den fettreichsten Soßen. Hier finden Sie eine Möglichkeit, diese schnell, einfach und ohne Geschmacksverlust etwas fettreduzierter zu gestalten. Trotzdem enthält diese Soße noch reichlich Fett.

Zutaten:

250 ml Sauce Hollandaise (Tetrapack im Supermarkt)
400 ml Spargelwasser (s. S. 89)
1/2 Bund Schnittlauch
Zitronensaft

Zubereitung:

Sauce Hollandaise in einem Kochtopf auf mittlerer Stufe erwärmen und mit Spargelwasser aufgießen. Schnittlauch waschen, in Röllchen schneiden und hinzufügen. Mit Pfeffer, jodiertem Kräutersalz, Zitronensaft, evtl. Zucker abschmecken.

Enthält pro Portion ca.: **Fett: 15 g** **Cholesterin: 10 mg** **BE: 0,5**

Abwandlungen:

Diese Hollandaise-Saucen können Sie abwandeln:

- mit Tomatenmark zur »Sauce Choron«.
- mit Orangensaft /Blutorangensaft zur »Sauce Maltese«.
- mit Kerbel, Estragon und Estragonessig (anstelle Zitronensaft) zur »Sauce Bernaise«.

Je nach Konsistenz können Sie die Soße mit Johannisbrotkernmehl ohne Kochen und ohne Kalorien stärker binden *(s. S. 28)*.
Anstelle von Spargelwasser eignet sich auch Gemüsebrühe.

Aufläufe

**Alle Rezepte
für 4 Personen**

Brokkoli-Nudelauflauf

Zutaten:

200 g Vollkornspiralnudeln
750 g Brokkoli
25 g Ei-Ersatzpulver (≙ 2 Eier)
250 ml Milch 1,5% Fett
100 ml Kondensmilch
4% Fett
1 Zwiebel
1 Knoblauchzehe
1/2 Bund Schnittlauch
2 Tomaten
80 g Käse 30 % Fett i.Tr.
Pfeffer
Paprikapulver
Muskatnuss
Gemüsebrühpulver
Jodsalz

Zubereitung:

Die Nudeln ca. 6 Min. in reichlich kochendem Salzwasser bissfest kochen. Brokkoli-Röschen ablösen, zusammen mit dem Strunk waschen und den Strunk klein schneiden. Brokkoli ca. 7 Min. in wenig Wasser bissfest dünsten. Ei-Ersatzpulver mit Milch und Kondensmilch verrühren und ca. 5 Min. quellen lassen. Die Zwiebel pellen, abspülen und fein würfeln. Die Knoblauchzehe pellen, abspülen und durch die Knoblauchpresse drücken. Zwiebel und Knoblauch zur Eiermilch geben. Sehr kräftig mit Gemüsebrühpulver, Pfeffer, Muskat- und Paprikapulver abschmecken. Schnittlauch waschen, in Röllchen schneiden und zur Eiermilch geben. Abgekühlte Nudeln und Brokkoli in eine ungefettete Auflaufform schichten und mit der Eiermilch übergießen. Tomaten waschen, in Scheiben schneiden und den Auflauf damit belegen.
Im vorgeheizten Backofen bei 180 °C Umluft bzw. 200 °C Ober- und Unterhitze ca. 20 Min. stocken lassen. Käse raspeln und über den Auflauf streuen. Auflauf ca. 20–25 Min. im Ofen gratinieren.

Enthält pro Portion ca.:

Mit Ei-Ersatz:	**Fett: 8,0 g**	**Cholesterin: 4 mg**	**BE: 3**
Mit Hühnerei:	**Fett: 12,4 g**	**Cholesterin: 172 mg**	**BE: 3**

Dazu passt eine Tomaten-, Käse- oder Paprika-Dill-Soße.

Tipp:

Den Auflauf vor dem Gratinieren mit ca. 20 g Sonnenblumenkernen bestreut, ergibt eine leckere Verfeinerung.

Falls Sie kein Ei-Ersatzpulver zur Hand haben, aber den Cholesterin- und Fettgehalt bei Verwendung von Hühnerei reduzieren möchten, gelingt der Auflauf auch, wenn Sie 1 Hühnerei durch 1 gehäuften EL Magerquark ersetzen.

Enthält pro Portion mit 1 Hühnerei und 1 EL Magerquark ca.:
Fett: 10,8 g **Cholesterin: 93 mg** **BE: 3**

Möhren-Lauch-Auflauf

Zubereitung:

Die Nudeln in Salzwasser ca. 6 Min. bissfest kochen, in ein Sieb gießen, kalt abspülen und abtropfen lassen. Möhren waschen, putzen, längs halbieren und in Scheiben schneiden (ca. 1/2 cm), die äußeren Blätter von Lauch oder Porree entfernen, Messer kurz vor dem Strunk ansetzen, den Lauch längs halbieren, unter fließendem Wasser waschen und in Ringe schneiden (ca. 3 mm). Zwiebeln pellen, abspülen und fein würfeln. Den Kochtopfboden mit Öl einpinseln, erhitzen und die Zwiebeln glasig dünsten. Den Lauch hinzugeben und kurz anbraten. Möhren und Gemüsebrühe hinzufügen und ca. 5 Min. bissfest dünsten. Wasser abgießen. Nudeln und Gemüse abkühlen lassen. Inzwischen Ei-Ersatzpulver mit Milch und Kondensmilch verrühren und ca. 5 Min. quellen lassen. Knoblauchzehen pellen, abspülen und durch die Knoblauchpresse drücken, Schnittlauch waschen und in Röllchen schneiden. Die Eiermilch sehr kräftig mit Knoblauch, Gemüsebrühpulver, Pfeffer, Muskat, Schnittlauch abschmecken. Gemüse und Nudeln in eine ungefettete Auflaufform schichten und die Eiermilch darüber gießen.
Tomaten waschen, Stielansatz entfernen, in Scheiben schneiden und den Auflauf damit garnieren.
Den Auflauf bei 180 °C Umluft bzw. 200 °C Ober- und Unterhitze ca. 25 Min. stocken lassen.
Käse raspeln und über den Auflauf streuen und noch weitere 15–20 Min. gratinieren.

Zutaten:

250 g Vollkornspiralnudeln
400 g Möhren (2 große)
250 g Lauch/Porree
2 Zwiebeln
2 TL Oliven- oder Rapsöl
50 ml Gemüsebrühe
25 g Ei-Ersatzpulver (≙ 2 Eier)
250 ml Milch 1,5 % Fett
100 ml Kondensmilch 4 % Fett
1–2 Knoblauchzehen
1/2 Bund Schnittlauch
2 Tomaten
60 g Käse 30 % Fett i.Tr.
Pfeffer
Jodsalz
Gemüsebrühpulver

Pro Portion ca.	**Mit Ei-Ersatz:**	**Fett: 11 g**	**Cholesterin: 13 mg**	**BE: 4**
	Mit Hühnerei:	**Fett: 11,5 g**	**Cholesterin: 170 mg**	**BE: 4**

Tipp:

Falls Sie kein Ei-Ersatzpulver zur Hand haben aber den Cholesterin- und Fettgehalt bei Verwendung von Hühnerei reduzieren möchten, gelingt der Auflauf auch, wenn Sie 1 Hühnerei durch 1 gehäuften EL Magerquark ersetzen.

Dann enthält eine Portion ca.: **Fett: 10 g** **Cholesterin: 92 mg** **BE: 4**

Kartoffelauflauf mit Linsen

Zutaten:

80 g rote oder braune Linsen
600 g Kartoffeln
200 g Champignons
250 g Lauch/Porree
200 g Möhren
250 g Zucchini
1 Zwiebel
1 EL Oliven- oder Rapsöl
1 geh. TL Gemüsebrühpulver
1/2 Bund Schnittlauch
25 g Ei-Ersatzpulver (≙ 2 Eier)
250 ml Milch 1,5 % Fett
100 ml Kondensmilch
4 % Fett
2 Tomaten
80 g Käse 30 % Fett i. Tr.
Gemüsebrühpulver
Paprikapulver oder Muskat
1 Knoblauchzehe
Pfeffer

Zubereitung:

Die Linsen ca. 30 Min. mit kaltem Wasser bedeckt einweichen. Kartoffeln waschen und in wenig Wasser ca. 25 Min. als Pellkartoffeln garen, kalt abspülen, pellen und abkühlen lassen. Champignons abbürsten (Gemüsebürste), putzen und in Scheiben schneiden.
Die äußeren Blätter vom Lauch/Porree entfernen, kurz vor dem Strunk ansetzen, längs halbieren, unter fließendem Wasser waschen, abtropfen lassen und in dünne Ringe schneiden (ca. 3 mm).
Die Möhren waschen, schälen, würfeln oder in Scheiben schneiden. Zucchini waschen, längs halbieren und in Scheiben schneiden (ca. 3 mm). Die Zwiebel pellen, abspülen, fein würfeln. Öl in einer Pfanne erhitzen, Zwiebeln glasig dünsten, die Pilze hinzufügen und unter starker Hitze kurz anbraten. Das restliche Gemüse hinzufügen und ca. 5 Min. mitdünsten. Linsen in ein Haarsieb geben und abtropfen lassen.
Das Gemüse mit Gemüsebrühpulver sowie dem Schnittlauch, der gewaschen und in Röllchen geschnitten ist, mit den Linsen in einer Schüssel vermengen und abkühlen lassen. Ei-Ersatzpulver, Milch und Kondensmilch verrühren und ca. 5 Min. ausquellen lassen.
Sehr kräftig abschmecken mit Gemüsebrühpulver, Pfeffer, Paprikapulver oder Muskat, 1 gepressten Knoblauchzehe.
Die Kartoffeln in Scheiben schneiden (ca. 0,5 cm) und mit dem Gemüse in einer ungefetteten Auflaufform schichten. Mit Eiermilch übergießen.
Tomaten waschen, Stielansatz kegelförmig entfernen, in Scheiben schneiden und den Auflauf damit garnieren.
Den Auflauf ca. 20–25 Min. bei 200 °C Heißluft bzw. 220 °C Ober- und Unterhitze auf mittlerer Schiene stocken lassen.
Käse grob raspeln und über den Auflauf streuen.
Den Auflauf weitere 20–25 Min. gratinieren.

Enthält pro Portion ca:

Mit E-iErsatz:	**Fett: 11,8 g**	**Cholesterin: 15 mg**	**BE: 2,5**
Mit Hühnerei:	**Fett: 12,4 g**	**Cholesterin: 172 mg**	**BE: 2,5**

Tipp:

Falls Sie kein Ei-Ersatzpulver zur Hand haben, aber den Cholesterin- und Fettgehalt bei Verwendung von Hühnerei reduzieren möchten, gelingt der Auflauf auch, wenn Sie 1 Hühnerei durch 1 gehäuften EL Magerquark ersetzen.

Pro Portion ca.:	**Fett: 10,8 g**	**Cholesterin: 93 mg**	**BE: 2,5**

Blumenkohl-Auflauf (ohne Ei)

Zutaten:

300 g Erbsen tiefgefroren
600 g Blumenkohl
250 g Möhren
150 ml Gemüsebrühe
150 ml Milch 1,5% Fett
50 ml Kondensmilch
4% Fett
25 g Weizenmehl Type 1050
50 ml kaltes Wasser
80 g Käse 30 % Fett i. Tr.
(z. B. Emmentaler, Westlight, Oldenburger Burlander)
1/2 Bund Schnittlauch
1 kg Kartoffeln
Muskat
1–2 TL Zitronensaft
Pfeffer
Gemüsebrühpulver
Jodsalz

Zubereitung:

Blumenkohl waschen, putzen und kleine Röschen ablösen. Den Strunk der Röschen kreuzweise einschneiden. Möhren waschen, putzen, längs halbieren und in dünne Scheiben schneiden (ca. 3 mm). Blumenkohl, Erbsen und Möhren in Gemüsebrühe ca. 7 Min. bissfest dünsten. Das Gemüse mit einer Schaumkelle herausnehmen bis auf ca. 2 EL Gemüse. Das in der Garflüssigkeit verbliebene Gemüse pürieren. Mit Milch und Kondensmilch auffüllen und aufkochen. Inzwischen Weizenmehl mit kaltem Wasser glatt rühren und eventuell durch ein Haarsieb streichen. Das Mehl unter Rühren in die kochende Milch gießen, einmal aufkochen und ca. 2 Min. ausquellen lassen.
Käse raspeln und ca. die Hälfte vom Käse unter Rühren in der noch heißen Soße auflösen (die Soße darf nicht mehr kochen). Schnittlauch waschen, in Röllchen schneiden und in die Soße rühren. Die Soße kräftig abschmecken mit Muskat, Pfeffer, 1–2 TL Zitronensaft, evtl. Gemüsebrühpulver.
Das Gemüse in eine ungefettete Auflaufform geben und mit der Soße übergießen. Mit dem restlichen Käse bestreuen und bei 200 °C Heißluft bzw. 220 °C Ober- und Unterhitze auf mittlerer Schiene ca. 15–20 Min. gratinieren.
Inzwischen Kartoffeln waschen und in wenig Wasser (fingerbreit den Boden bedeckt) ca. 20–25 Min. bei mittlerer Hitze gar kochen, anschließend kurz kalt abschrecken, pellen und zum Auflauf reichen.

Enthält pro Portion ca.:	**Fett: 6 g**	**Cholesterin: 12 mg**	**BE: 4**

Tipp:

Spargel-Zuckerschoten-Auflauf
Tauschen Sie die Erbsen, Möhren und den Blumenkohl gegen Spargel und Zuckerschoten aus.

Zubereitung:

Den Spargel waschen, schälen und in Gemüsebrühe ca. 10 Min. dünsten. Zuckerschoten waschen, Spitzen abschneiden und blanchieren. (Blanchieren: Topf mit reichlich Wasser zum Kochen bringen, die Zuckerschoten für ca. 5 Sek. hineingeben und gleich in eine Schüssel mit kaltem Wasser geben. Dazu eignet sich eine Schaumkelle.) Spargel aus dem Kochtopf nehmen. Eine Spargelstange klein schneiden, zur Gemüsebrühe geben und pürieren. Mit Milch und Kondensmilch auffüllen und aufkochen. Inzwischen Weizenmehl mit kaltem Wasser glatt rühren und eventuell durch ein Haarsieb streichen. Das Mehl unter Rühren in die kochende Milch gießen, einmal aufkochen und ca. 2 Min. ausquellen lassen.
Nun verfahren Sie weiter wie beim Blumenkohl-Auflauf.

Zutaten:

1 kg Spargel
150 ml Gemüsebrühe
400 g Zuckerschoten
restliche Zutaten s. S. 96

Quinoa-Auflauf

Quinoa, auch Peru-Getreide oder Inka-Getreide genannt, ist botanisch mit Hirse und Reis verwandt. Es ist reich an Vitaminen und Mineralstoffen und nimmt dadurch eine hohe Stellung in einer fettarmen und gesunden Kost ein. Sie erhalten Quinoa im Reformhaus, Naturkostladen und zum Teil schon im Supermarkt.

Anstelle von Quinoa eignen sich auch Hirse oder Reis für diesen Auflauf.

Zutaten:

200 g Quinoa oder Hirse
2 Zwiebeln (100 g)
2 TL Oliven- oder Rapsöl
400 ml Wasser
2 TL Gemüsebrühpulver
250 g Zucchini
200 g Auberginen
4 Tomaten
25 g Ei-Ersatzpulver (≙ 2 Eier)
200 ml Milch 1,5 % Fett
50 ml Kondensmilch
4 % Fett
1/2 rote Paprikaschote
50 g Käse 30 % Fett i.Tr.

Zubereitung:

Quinoa/Hirse in einem Haarsieb erst heiß, dann kalt abspülen und abtropfen lassen. Die Zwiebeln pellen, abspülen und fein würfeln. Den Kochtopf mit 1 TL Öl einpinseln, erhitzen und die halbe Menge Zwiebeln glasig dünsten. Quinoa/Hirse hinzufügen und ca. 2 Min. mitdünsten. Mit Wasser ablöschen und Gemüsebrühpulver unterrühren. Quinoa/Hirse aufkochen lassen, bei geringer Hitze ca. 15–20 Min. ausquellen lassen. In ein Haarsieb geben und abtropfen lassen. Zucchini und Auberginen waschen, putzen (nicht schälen) und würfeln (ca. 0,5 x 0,5 cm). Die Pfanne mit 1 TL Öl einpinseln, erhitzen und die restlichen Zwiebeln darin glasig dünsten. Das restliche Gemüse hinzufügen und ca. 5 Min. unter Wenden anbraten. Tomaten waschen, Stielansatz kegelförmig entfernen und die Tomaten würfeln. Ei-Ersatzpulver mit Milch und Kondensmilch verrühren und ca. 5 Min. ausquellen lassen. Kräftig abschmecken mit Kräutern der Provence, Pfeffer, Paprikapulver, 1–2 gepresste Knoblauchzehen. Quinoa, Tomatenwürfel, Gemüse und die Eiermilch vermengen und in eine ungefettete Auflaufform geben. Die Paprikaschote fein würfeln und den Auflauf damit bestreuen. Käse raspeln und über auf den Auflauf streuen. Den Auflauf ca. 25 Min. bei 200 °C Heißluft bzw. 220 °C Ober- und Unterhitze (mittlere Schiene) stocken lassen.

Enthält pro Portion ca:			
Mit Ei-Ersatz:	**Fett: 9,5 g**	**Cholesterin: 10 mg**	**BE: 3**
Mit Hühnerei:	**Fett: 10,2 g**	**Cholesterin: 166 mg**	**BE: 3**

Tipp:

Falls Sie kein Ei-Ersatzpulver zur Hand haben, aber den Cholesterin- und Fettgehalt bei Verwendung von Hühnerei reduzieren möchten, gelingt der Auflauf auch, wenn Sie 1 Hühnerei durch 1 gehäuften EL Magerquark ersetzen.

Enthält pro Portion ca:	**Fett: 8,6 g**	**Cholesterin: 88 mg**	**BE: 3**

Grünkohlauflauf mit Hirse

Zutaten:

1 kg Grünkohl frisch oder
900 g Grünkohl tiefgefroren
500 ml Gemüsebrühe
240 g Hirse oder Quinoa
2 Zwiebeln
2 Knoblauchzehen
1 TL Oliven- oder Rapsöl
500 ml Wasser
2 TL Gemüsebrühpulver
4 Hühnereiweiß
60 g Käse 30 % Fett i.Tr.
Pfeffer
Muskat
evtl. Gemüsebrühpulver
20 g Diätmargarine oder »Omega-3«-Pflanzenmargarine

Zubereitung:

Frischen Grünkohl sehr gut waschen (sehr sandig), putzen und in Gemüsebrühe ca. 40 Min. bei mittlerer Hitze dünsten. Oder tiefgefrorenen Grünkohl auftauen lassen und in Gemüsebrühe ca. 30 Min. bei mittlerer Hitze dünsten.
Hirse/Quinoa erst heiß, dann kalt in einem Haarsieb abspülen und abtropfen lassen. Zwiebeln und Knoblauchzehen pellen, abspülen und fein würfeln. Den Kochtopf mit Öl einpinseln, erhitzen und die Zwiebeln sowie den Knoblauch glasig dünsten. Mit Wasser ablöschen und Gemüsebrühpulver unterrühren. Die Hirse einmal aufkochen und bei geringer Hitze ca. 20–25 Min. ausquellen lassen.
Den Backofen auf 200 °C (Ober- und Unterhitze) vorheizen.
Eiweiß steif schlagen und den Käse raspeln. Die abgekühlte Hirse, den abgekühlten Grünkohl (ohne Garflüssigkeit) und den Käse vermengen.
Kräftig abschmecken mit Pfeffer, Muskat, evtl. Gemüsebrühpulver.
Den Eischnee unter die Grünkohlmasse heben und in eine ungefettete Auflaufform geben. Die Margarine in Flöckchen auf den Auflauf verteilen.
Zuerst den Auflauf auf der unteren Schiene ca. 30 Min. bei 180 °C Heißluft bzw. 200 °C Ober- und Unterhitze, danach auf der oberen Schiene noch 10 Min. backen.

Enthält pro Portion ca.:	**Fett: 12,7 g**	**Cholesterin: 6 mg**	**BE: 3**

Tipp:

Dieser Auflauf gelingt auch mit Kartoffeln. Dazu benötigen Sie ca. 600 g festkochende Kartoffeln, die Sie in wenig Wasser ca. 20–25 Min. kochen und danach sofort kalt abspülen. Die Kartoffeln pellen, abkühlen lassen, würfeln (ca. 1 x 1 cm) und genauso weiter verfahren wie mit der abgekühlten Hirse.

Enthält pro Portion ca.:	**Fett: 10,8 g**	**Cholesterin: 6 mg**	**BE: 2**

Gefülltes Gemüse

Gefülltes Gemüse

Alle Rezepte für 4 Personen

Gefüllte Parikaschote

Zutaten:

300 g Hirse
(oder Reis oder Quinoa)
2 Zwiebeln
1 Knoblauchzehe
1 EL Oliven- oder Rapsöl
750 ml Gemüsebrühe
1 kleine Zucchini (150 g)
1 kleine Möhre (100 g)
60 g Mais (Dose)
2 EL gehackte Petersilie
Oregano
4 große rote Paprika (1 kg)
50 g Käse 30 % Fett i.Tr.
60 g Magerquark
2 EL Tomatenmark
300 ml Gemüsebrühe
Kräuter der Provence
Paprika
Pfeffer
Jodsalz

Zubereitung:

Hirse/Reis/Quinoa in einem Haarsieb erst heiß, dann kalt abspülen und abtropfen lassen. Eine Zwiebel pellen, abspülen und fein hacken. Den Topfboden mit Öl einpinseln. Zwiebeln darin glasig dünsten und mit Gemüsebrühe ablöschen. Hirse hinzufügen, aufkochen und bei geringster Hitze ca. 25 Min. ausquellen lassen. Mais abtropfen lassen, Zucchini und Möhre waschen, putzen und grob raspeln. Die zweite Zwiebel und den Knoblauch pellen, abspülen und fein würfeln. Den Pfannenboden mit Öl einpinseln, erhitzen, Zwiebeln und Knoblauch glasig dünsten. Mais, Zucchini- und Möhrenraspeln hinzufügen und alles ca. 4 Min. unter Wenden anbraten. 1/3 der gegarten Hirse zum Gemüse geben und vermengen. Kräftig abschmecken mit gehackter Petersilie, Oregano und Pfeffer. Paprika waschen, den Deckel abschneiden und aufbewahren. Das Kerngehäuse entfernen und die Kerne herausspülen. Käse raspeln. Zusammen mit dem Quark unter die Hirse-Gemüse-Mischung rühren. Paprika mit der Hirse-Gemüse-Mischung füllen und in eine Auflaufform stellen. Tomatenmark mit Gemüsebrühe erhitzen und verrühren. Mit Kräutern der Provence, Paprika, Pfeffer abschmecken.
Den Tomatensud zwischen die Paprikaschoten gießen. Bei 180 °C Heißluft ca. 30 Min. bzw. bei 200 °C Ober- und Unterhitze ca. 25 Min. ohne Paprikadeckel, dann noch 10 Min. mit Paprikadeckel im Backofen garen. Restliche Hirse mit Pfeffer und gehackter Petersilie abschmecken und zu den Paprikaschoten servieren. Den Tomatensud als Soße reichen.

Enthält pro Portion ca.: **Fett: 11,5 g** **Cholesterin: 6 mg** **BE: 4**

Tipp:

Falls Ihnen die Paprikaschoten zu bissfest sind, vor dem Füllen für ca. 1–2 Min. in reichlich kochendes Wasser geben. Abkühlen lassen und dann erst füllen.

Gefüllte Zucchini

Zubereitung:

Die Buchweizengrütze mit der Hirse vermengen und in einem Haarsieb erst heiß, dann kalt abspülen und gut abtropfen lassen. Die Paprika waschen, putzen und in sehr feine Streifen schneiden, den Lauch waschen, putzen und in feine Ringe schneiden. Die Möhren schälen, waschen und grob raspeln. Mais abtropfen lassen. Die Zwiebel pellen, abspülen und fein würfeln. Den Topfboden mit Öl einpinseln, erhitzen und die Zwiebeln glasig dünsten. Hirse und Buchweizen hinzufügen und unter Wenden ca. 2 Min. dünsten. Mit Gemüsebrühe ablöschen und aufkochen lassen. Das Gemüse hinzufügen und unter mehrmaligem Umrühren bei geringer Hitze ca. 25 Min. ausquellen lassen (nicht kochen).
Zucchini waschen, längs halbieren und mit einem Löffel aushöhlen (den Stielansatz nicht entfernen).
Das Zucchinifleisch klein schneiden zur Hirse-Mischung geben und verrühren.
Die gegarte Getreide-Gemüse-Mischung kräftig mit Pfeffer, Paprika oder Muskat, je 1 EL gehackter Petersilie und Schnittlauchröllchen abschmecken.
Käse grob raspeln. Die Hälfte des Käses mit Quark und der Getreide-Gemüse-Mischung verrühren.
Die Zucchinihälften mit Kräutersalz und Pfeffer dünn bestreuen, mit der Getreide-Gemüse-Mischung füllen, in eine Auflaufform geben und mit dem restlichen Käse bestreuen. Mit Gemüsebrühe angießen und im Backofen bei 180 °C Heißluft bzw. bei 200 °C Ober- und Unterhitze (mittlerer Einschub) ca. 30–40 Min. garen.

Zutaten:

50 g Buchweizengrütze
100 g Hirse
1 rote Paprika (200 g)
1 Stange Lauch (200 g)
150 g Möhren
60 g Mais (Dose)
1 Zwiebel
1 EL Oliven- oder Rapsöl
300 ml Gemüsebrühe
2 große Zucchini à 300 g
Kräutersalz
Pfeffer
Paprika oder Muskat
1 EL gehackte Petersilie
1 EL Schnittlauchröllchen
50 g Käse 30 % Fett i.Tr.
1 EL Magerquark (60 g)
150 ml Gemüsebrühe

Enthält pro Portion ca.: **Fett: 7 g** **Cholesterin: 5 mg** **BE: 2**

Dazu passt eine Käse-, Champignon- oder Petersiliensoße.

Tipp:

Buchweizen und Hirse können Sie durch die entsprechende Menge an Reis, Grünkernschrot oder andere Getreidesorten ersetzen.

Gefüllte Kohlrouladen

Zutaten:

8 große Weißkohlblätter (ca. 1 kg Kohlkopf)
3 Tomaten
1 kleine Stange Lauch (150 g)
150 g Champignons
2 Zwiebeln
1 EL Oliven- oder Rapsöl
100 g Haferschrot
100 g Weizenschrot
400 ml Gemüsebrühe
1 TL getr. Kräuter der Provence
Kräutersalz
Pfeffer
60 g Käse 30 % Fett i.Tr.
200 ml Gemüsebrühe

Zubereitung:

Die Kohlblätter ca. 1/2 Min. in kochendes Wasser geben, mit einer Schaumkelle herausnehmen und kurz in eine Schüssel mit kaltem Wasser legen (blanchieren). Gut abtropfen lassen. Die Tomaten waschen, den Stielansatz entfernen, im Blanchierwasser vom Kohl blanchieren, die Haut abziehen und fein würfeln. Den Lauch waschen, putzen und in feine Ringe schneiden. Die Champignons putzen und in feine Scheiben schneiden. Die Zwiebeln pellen, abspülen und fein hacken. Den Topfboden mit Öl einpinseln und die Zwiebeln glasig dünsten. Hafer- und Weizenschrot zu den Zwiebeln geben, ca. 1 Min. anrösten und mit 400 ml Gemüsebrühe ablöschen. Kräuter der Provence hinzufügen, aufkochen und zugedeckt ca. 15–20 Min. ausquellen lassen. Champignons und Lauch hinzufügen und vermengen. Mit Kräutersalz und Pfeffer abschmecken. Die Mischung abkühlen lassen. Den Stielansatz der Kohlblätter gerade abschneiden, jeweils 2 Blätter aufeinander legen, je 1/4 der Füllung in die Mitte setzen. Die Kohlblätter seitlich über der Füllung einschlagen und von der anderen Seite her aufrollen. Mit Spießen feststecken oder mit Baumwollgarn umwickeln. In eine Auflaufform setzen, mit der restlichen Gemüsebrühe angießen. Tomatenwürfel darüber streuen. Käse raspeln und über die Rouladen streuen. Bei 200 °C Heißluft bzw. 220 °C Ober- und Unterhitze (mittlerer Einschub) ca. 30–35 Min. gratinieren.

Enthält pro Portion ca.: **Fett: 8 g** **Cholesterin: 5 mg** **BE: 2,5**

Servieren Sie dazu Kartoffeln oder eifreie Nudeln und eine Käse-, Muskat-, Champignon-, Paprika- oder Tomatensoße.

Tipp:

Den Weißkohl können Sie auch durch Wirsing oder Chinakohl ersetzen. Anstelle von Weizen- und Haferschrot können Sie die gleiche Menge durch Grünkern- und Dinkelschrot oder durch Reis, Hirse und Quinoa ersetzen.

Wirsingrouladen »Asia«

Zutaten:

50 g Naturreis
2 Zwiebeln
2 TL Oliven- oder Rapsöl
450 ml Gemüsebrühe
8 große Wirsingkohlblätter
200 g Möhren
100 g Champignons
100 g Sojabohnenkeimlinge
7 EL Sojasoße
2 TL Sonnenblumenkerne (10 g)
evtl. 1/2–1 TL Mango-Chutney
oder 1 Msp. Sambal Olek
1 EL gehackte Petersilie
1 Msp. Pfeffer, Jodsalz
1–2 g Johannisbrotkernmehl

Zubereitung:

Den Reis in einem Haarsieb erst heiß, dann kalt abspülen und gut abtropfen lassen. Zwiebeln pellen, kurz abspülen und fein hacken. Den Topfboden mit 1 TL Öl einpinseln, erhitzen und die Hälfte der Zwiebeln glasig dünsten. Den Reis hinzufügen und unter Rühren ca. 2 Min. andünsten. Mit 150 ml Gemüsebrühe ablöschen, aufkochen und bei geringster Hitze ca. 25 Min. ausquellen lassen. Kohlblätter für ca. 1/2 Min. in kochendes Wasser geben, mit einer Schaumkelle herausnehmen, kurz in kaltes Wasser geben und abtropfen lassen. Die Möhren schälen, waschen und grob raspeln. Champignons putzen und in feine Scheiben schneiden. Sojabohnenkeimlinge waschen und in einem Haarsieb abtropfen lassen. In 1 cm lange Stücke schneiden. Den Topfboden mit 1 TL Öl einpinseln, erhitzen und die restlichen Zwiebeln goldbraun rösten. Die Möhren hinzufügen und mit 1 EL Sojasoße ablöschen. Unter Rühren ca. 2 Min. dünsten. Champignons, Keimlinge sowie 3 EL Sojasoße hinzufügen und so lange köcheln lassen, bis kaum noch Flüssigkeit vorhanden ist. Den gegarten Reis und die Sonnenblumenkerne hinzufügen und alles miteinander vermengen. Abkühlen lassen. Die restliche Gemüsebrühe (300 ml) sowie 3 EL Sojasoße mit Mango-Chutney oder Sambal Olek, Petersilie und Pfeffer vermengen. Je 2 Kohlblätter leicht versetzt aufeinanderlegen. Mit einem Esslöffel die Reisfüllung gleichmäßig auf den Kohlblättern verteilen oder gleichmäßig in Häufchen auf die Kohlblätter setzen. Kohlblätter seitlich einschlagen, aufrollen und mit Holzspießen feststecken. In eine Auflaufform setzen und mit der gewürzten Gemüsebrühe übergießen. Die Auflaufform mit Alufolie verschließen und ca. 40–45 Min. bei 180 °C Heißluft bzw. 200 °C Ober- und Unterhitze (mittlerer Einschub) garen. Kohlrouladen herausnehmen und den Fond mit 1–2 g Johannisbrotkernmehl (s. S. 28) binden und als Soße zu den Rouladen reichen. Abschmecken nicht vergessen!

Dazu können Sie Kartoffeln oder Reis sowie einen gemischten Salat reichen.

Enthält pro Portion ca.: **Fett: 5 g** **Cholesterin: 0 mg** **BE: 1**

Tipp:

Probieren sie anstelle von Reis auch mal Quinoa, Amaranth, Bulgur oder Hirse aus. Zubereitung und Mengen bleiben gleich.

Chinakohlröllchen an süß-saurem Jus

Zutaten:

20 g rote o. braune Linsen
15 g Trockenaprikosen
15 g Rosinen (1 EL)
80 g Möhren (1 mittelgroß)
100 g Quinoa (Reformhaus)
2 TL Oliven- oder Rapsöl
450 ml Gemüsebrühe
1 Prise Kurkuma
1 Prise Safran
1 Prise Pfeffer
1 Kopf Chinakohl (500 g)
1–2 TL Schnittlauchröllchen
1 unbehandelte Limette
(Schale und Saft)
4–5 Blätter Zitronenmelisse
1 g Johannisbrotkernmehl
1–2 TL Currypulver
Zitronenmelisse
Pfeffer

Zubereitung:

Die Linsen waschen und ca. 10 Min. in kaltem Wasser einweichen und gut abtropfen lassen. Aprikosen fein würfeln, zusammen mit Rosinen in einem Haarsieb waschen und ca. 2 Min. in kaltem Wasser einweichen. Anschließend gut abtropfen lassen. Möhren waschen, schälen und fein würfeln. Quinoa erst heiß, dann kalt in einem Haarsieb abspülen und abtropfen lassen.
Den Topfboden mit 1 TL Öl einpinseln, erhitzen und die Möhrenwürfel unter Rühren ca. 2 Min. anbraten. Die Rosinen, Aprikosen, Linsen und das Quinoa hinzufügen. Ca. 2 Min. mitdünsten. Mit 200 ml Gemüsebrühe ablöschen. Kurkuma, Safran und Pfeffer hinzufügen, einmal aufkochen lassen und auf kleiner Stufe ca. 25 Min. ausquellen lassen. Eventuell etwas Brühe nachgießen. Nach dem Ausquellen darf keine Flüssigkeit mehr vorhanden sein.
Inzwischen beim Kohl den Strunk abschneiden, Blätter ablösen, putzen und waschen. Ca. 1/2 Min. in kochendes Wasser geben, kalt abschrecken und abtropfen lassen. Die weißen Strünke der Blätter entfernen und die Blätter in acht Portionen aufeinanderlegen.
Schnittlauchröllchen unter die Quinoamischung rühren. Die Quinoamischung in gleichen Portionen auf den Chinakohlblättern verteilen. Diese seitlich einschlagen und von der anderen Seite her aufrollen. Mit Holzspießen feststecken und mit dieser Seite nach unten in eine große, mit 1 TL Öl eingepinselte Auflaufform setzen. Mit der restlichen Gemüsebrühe angießen und mit einem Deckel oder Alufolie verschließen.
Im vorgeheizten Ofen bei 180 °C Heißluft bzw. 200 °C Ober- und Unterhitze ca. 20 Min. garen.

Die Limette heiß waschen und mit einem Julienne-reißer feine Streifen der Schale abziehen.
Danach den Saft auspressen. Zitronenmelisse waschen, trockentupfen und fein hacken.
Die Chinakohlröllchen mit einer Schaumkelle aus der Form nehmen und zugedeckt warm stellen, die Brühe in einen Topf gießen. Johannisbrotkernmehl unter Rühren mit einem Schneebesen einstreuen und ca. 4 Min. bei mittlerer Hitze ausquellen lassen.
Abschmecken mit Limettensaft, 1–2 TL Currypulver, Pfeffer, Zitronenmelisse. Die Soße zu den Chinakohlröllchen reichen.

Dazu passt eine Reis-Gemüse-Pfanne.

Enthält pro Portion ca.:	**Fett: 5 g**	**Cholesterin: 0 mg**	**BE: 1,5**

Gefüllte Kohlrabi

Zutaten:

4 Kohlrabi (à 300 g)
2 TL Gemüsebrühpulver
1 kleine Zwiebel (30 g)
1–2 Knoblauchzehen
100 g Käse 30 % Fett i.Tr.
od. Schafskäse 45 % Fett i. Tr.
300 g Blattspinat
1 TL Oliven- oder Rapsöl
1 EL Magerquark (60 g)
Pfeffer
Kräutersalz
Muskat
Kohlrabikochwasser

Zubereitung:

Den Kohlrabi waschen und schälen. Mit zwei fingerbreit Wasser und Gemüsebrühpulver in einem geschlossenen Kochtopf ca. 20 Min. dünsten. Danach mit einer Schaumkelle herausnehmen und abkühlen lassen. Das Kochwasser aufbewahren! Bei den Kohlrabis einen Deckel abschneiden und das Innere mit einem Esslöffel herauslösen, klein schneiden und beiseite stellen.
Eine Zwiebel schälen, kurz abspülen und fein würfeln. Knoblauchzehen pellen, abspülen und durch die Knoblauchpresse drücken. Käse raspeln oder sehr fein würfeln, Blattspinat waschen, putzen und grob zerkleinern. Den Topfboden mit Öl einpinseln, erhitzen, Zwiebeln und Knoblauch glasig dünsten. Blattspinat und das Innere des Kohlrabis hinzufügen und alles unter Rühren ca. 5 Min. andünsten. Den Käse und Quark unterrühren.
Kräftig mit Pfeffer, Kräutersalz, Muskat abschmecken. Kohlrabi in eine feuerfeste Form geben und mit der Spinatmasse füllen. Das Kohlrabikochwasser in die Form gießen. Im Backofen bei 180 °C Heißluft bzw. 200 °C Ober- und Unterhitze ca. 25–30 Min. garen.

Enthält pro Portion ca.: **Fett: 5,5 g** **Cholesterin: 9 mg** **BE: 0**

Dazu passen eine helle Petersilien-, Schnittlauch- und/oder Muskatsoße sowie Kartoffeln.

Vegetarische Bratlinge

Alle Rezepte für 4 Personen

Bratlinge ersetzen Fleisch vollwertig. Ähnlich wie Hackfleischfrikadellen können Sie die Bratlinge als Beilage in einem Hauptgericht oder auch als Brotbelag (z. B. als »Hamburger«) verwenden. Durch den Austausch von Fleisch gegen vegetarische Bratlinge sparen Sie viel Cholesterin, Harnsäure und tierisches Fett, der Ballaststoff-, Vitamin- und Mineralstoffgehalt steigt drastisch an.

Tipps für die Zubereitung:

Das gegarte Getreide muss eine dicke, breiige Konsistenz aufweisen. Falls es zu flüssig ist, zarte Haferflocken oder Vollkornsemmelbrösel hinzugeben. Sonst fällt der Bratling beim Braten auseinander.

Das Getreide muss lauwarm oder kalt sein, wenn Sie als Bindemittel Quark verwenden. Ist das gegarte Getreide zu heiß, wird der Quark flüssig und verliert seine Bindekraft.

Immer erst einen Bratling zur Probe braten. Fällt er auseinander, entweder etwas mehr Quark oder zarte Haferflocken oder Vollkornsemmelbrösel unter die Bratlingmischung geben.

Tupfen Sie die Bratlinge nach dem Braten mit Küchenpapier ab, um überschüssiges Fett zu entfernen.

Hirse-Käse-Bratlinge

Zutaten:

150 g Hirse
375 ml Gemüsebrühe
40 g Möhren
40 g Knollensellerie
1 Zwiebel
40 g Lauch
1/2 Bund Schnittlauch
60 g Käse 30 % Fett i.Tr.
1 EL Magerquark (60 g)
Pfeffer, Jodsalz
Muskat
Thymian oder Majoran
1 TL Oliven- oder Rapsöl

Zubereitung:

Hirse in einem Haarsieb erst heiß, dann kalt unter fließendem Wasser abspülen und abtropfen lassen. Zusammen mit Gemüsebrühe aufkochen und bei geringer Hitze ca. 20–25 Min. ausquellen lassen. Möhren und Sellerie waschen, schälen und grob raspeln. Zwiebel pellen, kalt abspülen und fein würfeln. Den Lauch waschen, putzen und in feine Ringe schneiden. Schnittlauch waschen und in feine Röllchen schneiden. Das Gemüse und den Schnittlauch mit der gegarten abgekühlten Hirse vermengen. Käse raspeln und mit Quark verrühren. Die Quarkmischung mit der Hirse vermengen. Mit Pfeffer, Muskat, Thymian und/oder Majoran abschmecken. Mit angefeuchteten Händen 4 Bratlinge formen und bei mittlerer Hitze in einer beschichteten Pfanne, die mit Öl eingepinselt ist, von jeder Seite ca. 4–5 Min. goldgelb braten.

Enthält pro Portion ca.: **Fett: 7 g** **Cholesterin: 6 mg** **BE: 2**

Dazu passen Grünkohl und Kartoffeln ohne Soße oder eine Soße Ihrer Wahl sowie Gemüse, Salat, Rohkost und Kartoffeln.

Grünkernbratlinge

Zutaten:

120 g Grünkernschrot
240 ml Gemüsebrühe
1 Prise Paprika edelsüß
1 Prise Pfeffer
1 Prise Liebstöckel
1 Zwiebel
1 EL Magerquark (60 g)
15 g zarte Haferflocken
1 TL mittelscharfer Senf
1 EL gehackte Petersilie
1 TL Oliven- oder Rapsöl

Zubereitung:

Grünkernschrot in Gemüsebrühe aufkochen, Paprika, Pfeffer, Liebstöckel hinzufügen und unter gelegentlichem Rühren ca. 20 Min. bei mittlerer Hitze ausquellen lassen. Es entsteht eine dickliche Masse.
Die Zwiebel pellen, kalt abspülen, fein würfeln, mit Quark, Haferflocken, Senf und gehackter Petersilie verrühren.
Das Grünkernschrot lauwarm bis kalt werden lassen und mit der Quarkmasse vermengen.
Mit angefeuchteten Händen 4 Bratlinge formen und in einer beschichteten Pfanne, die mit Öl eingepinselt ist, goldbraun braten (mittlerer Hitze).
Oder im Backofen bei 200 °C Umluft bzw. 180 °C Ober- und Unterhitze ca. 20 Min. backen.
Backblech mit Backpapier auslegen.

Enthält pro Portion ca.: **Fett: 2,5 g** **Cholesterin: 0 mg** **BE: 2**

Tipp:

4 frische Äpfel- oder Ananasringe in wenig Wasser ca. 3–4 Min. dünsten, abtropfen lassen und auf die fertigen Bratlinge legen. Je 1 Scheibe Käse (max. 30 % Fett i.Tr.) drauflegen. Die Pfanne mit einem Deckel verschließen und den Käse schmelzen lassen.

Dazu passen Blattsalat, Rohkost sowie eine Curry- oder Tomatensoße und Fladenbrot oder Kartoffeln.

Mehrkornbratlinge

Zutaten:

125 g Getreidemischung
250 ml Gemüsebrühe
2 Lorbeerblätter
60 g Möhren
60 g Lauch
1 Zwiebel
1 Bund Petersilie
15 g zarte Haferflocken
2 EL Magerquark (120 g)
Gemüsebrühpulver
Jodsalz
Pfeffer
1 TL Oliven- oder Rapsöl

Zubereitung:

Getreidemischung schroten und mit Gemüsebrühe aufkochen, Lorbeerblätter hinzufügen, das Getreide unter gelegentlichem Rühren bei geringer Hitze ca. 20 Min. ausquellen, anschließend abkühlen lassen. Lorbeerblätter entfernen. Es muss eine dickliche Masse entstanden sein.
Die Möhren waschen, schälen, grob raspeln, den Lauch waschen, putzen und in feine Ringe schneiden. Die Zwiebel pellen, kalt abspülen und fein würfeln.
Petersilie waschen, trockenschleudern und fein hacken.
Möhre, Lauch, Zwiebel und Petersilie mit Haferflocken und Quark verrühren und die Quarkmasse mit dem Getreidebrei vermengen.
Mit Gemüsebrühpulver, Jodsalz, Pfeffer abschmecken.
Mit angefeuchteten Händen 4 Bratlinge formen und bei mittlerer Hitze von jeder Seite ca. 4 Min. in einer beschichteten Pfanne, die dünn mit Öl eingepinselt ist, goldbraun braten. Oder im Backofen bei 200 °C Umluft bzw. 180 °C Ober- und Unterhitze ca. 20 Min. backen. Backblech vorher mit Backpapier auslegen.

Enthält pro Portion ca.: **Fett: 2,5 g** **Cholesterin: < 1 mg** **BE: 2**

Buchweizenbratlinge

Zubereitung:

Die Tomaten waschen, den Stielansatz entfernen und fein würfeln. Die Zwiebel pellen, kalt abspülen und fein würfeln. Buchweizengrütze in Gemüsebrühe aufkochen. Tomaten- und Zwiebelwürfeln hinzufügen, nochmals aufkochen und unter gelegentlichem Rühren bei geringer Hitze ca. 20 Min. ausquellen lassen. Petersilie waschen, trocknen, fein hacken und unter den Buchweizen rühren.
Mit Jodsalz, Gemüsebrühpulver, Pfeffer, Paprika edelsüß und ca. 1/2 TL getrocknetem Thymian abschmecken. Quark unter die abgekühlte Buchweizenmasse rühren.
Mit angefeuchteten Händen 4 Bratlinge formen und in Sesamsamen wenden.
Eine beschichtete Pfanne dünn mit Öl einpinseln und die Bratlinge pro Seite ca. 4 Min. bei mittlerer Hitze goldbraun braten.

Zutaten:

2 Tomaten (ca. 100 g)
1 Zwiebel
150 g Buchweizengrütze
150 ml Gemüsebrühe
1 Bund Petersilie
Jodsalz
Gemüsebrühpulver
Paprika edelsüß
Pfeffer
ca. 1/2 TL
getrockneter Thymian
1 EL Magerquark (60 g)
30 g Sesamsamen
1 TL Oliven- oder Rapsöl

Enthält pro Portion ca.: **Fett: 6 g** **Cholesterin: 0 mg** **BE: 2 (27 g KH)**

Dazu passen Gemüse und Kartoffeln oder Salat und Fladenbrot sowie eine Käse-, Champignon- oder Tomatensoße.

Quinoabratlinge

Zutaten:

125 g Quinoa
250 ml Gemüsebrühe
60 g rote Paprika
60 g Lauch
50 g Champignons
1/2 Bund Petersilie
1/4 Bund Schnittlauch
Gemüsebrühpulver
Jodsalz
Pfeffer
Paprika edelsüß
Muskat oder Liebstöckel oder Curry
60 g Magerquark
1 TL Oliven- oder Rapsöl

Zubereitung:

Quinoa in einem Haarsieb erst heiß, dann kalt unter fließendem Wasser abspülen, abtropfen lassen und in Gemüsebrühe aufkochen. Bei geringer Hitze ca. 20 Min. ausquellen und danach abkühlen lassen. Paprika waschen, putzen und in sehr feine Streifen oder Würfel schneiden. Lauch waschen, putzen und in sehr feine Ringe schneiden. Champignons mit einer Gemüsebürste putzen und klein hacken. Petersilie waschen, trocknen und fein hacken. Schnittlauch waschen und in Röllchen schneiden. Gemüse, Schnittlauch und Petersilie unter die Quinoamasse rühren. Mit Gemüsebrühpulver, Jodsalz, Pfeffer, Paprika edelsüß, Muskat oder Liebstöckel oder Curry abschmecken.
Quark untermengen (wenn zu feucht: 1 EL zarte Haferflocken hinzufügen). Mit angefeuchteten Händen 4 Bratlinge formen, eine beschichtete Pfanne mit Öl einpinseln, von jeder Seite ca. 4–5 Min. goldbraun braten. Oder im Ofen bei 200 °C Umluft bzw. 180 °C Ober- und Unterhitze ca. 20 Min. backen. Backblech mit Backpapier auslegen.

Enthält pro Portion ca.: **Fett: 3,5 g** **Cholesterin: 0 mg** **BE: 2**

Dazu passen Curry-, Paprika-, Käse- oder Champignonsoße, Salat, Gemüse und Kartoffeln.

Spinat-Haferschrot-Bratlinge

Zubereitung:

Milch aufkochen. Haferschrot in die Milch unter Rühren einstreuen, Topf vom Herd nehmen und ca. 20 Min. ausquellen lassen. Inzwischen die Zwiebel pellen, kalt abspülen und fein würfeln, Blattspinat waschen, verlesen und grob hacken. Den Topfboden mit 1 TL Öl einpinseln, erhitzen und die Zwiebel glasig dünsten. Blattspinat hinzufügen, ca. 5 Min. mitdünsten (mittlere Stufe), bis er zusammenfällt. Überschüssige Flüssigkeit abgießen. Hafermasse und Spinat verrühren, abkühlen lassen und Quark unterrühren.
Mit gemahlenem Koriander, Fenchel, Liebstöckel, Pfeffer, Gemüsebrühpulver oder Jodsalz abschmecken. Eiweiß steif schlagen und unter die Hafermasse ziehen. Den Pfannenboden mit 1 TL Öl einpinseln, erhitzen und mit 2 Löffeln ca. 4 Bratlinge formen und in die Pfanne setzen. Bei mittlerer Hitze von jeder Seite ca. 6 Min. braten.

Zutaten:

80 ml Milch 1,5 % Fett
100 g Haferschrot
1 Zwiebel
150 g Blattspinat
2 TL Oliven- oder Rapsöl
60 g Magerquark
1 Msp. gemahlener Koriander
1 Msp. Fenchel gemahlen
1 Msp. Liebstöckel gemahlen
1 Msp. Pfeffer
Gemüsebrühpulver
oder Jodsalz
1 Eiweiß

Enthält pro Portion ca.: **Fett: 4,5 g** **Cholesterin: 0 mg** **BE: 1,5**

Dazu passen Salat/Rohkost, Kartoffeln und eine Champignon-, Muskat- oder Tomatensoße, eine kalte Kräuter-Joghurtsoße oder Knoblauchsoße.

Kartoffel-Frikadellen

Zutaten:

500 g mehlige Kartoffeln
1 Zwiebel
1 Knoblauchzehe
2 TL Oliven- oder Rapsöl
1/2 Bund Petersilie
1/2 Bund Schnittlauch
30 g Parmesan 32 % Fett i.Tr.
15 g Weizenmehl Type 1050
Pfeffer
Muskat
Jodsalz
Gemüsebrühpulver

Zubereitung:

Die Kartoffeln mit Schale ca. 30 Min. in wenig Wasser kochen, kalt abschrecken, pellen und noch heiß durch die Kartoffelpresse drücken. Masse abkühlen lassen. Inzwischen eine Zwiebel und die Knoblauchzehe pellen und fein würfeln. Den Pfannenboden mit 1 TL Öl einpinseln und Zwiebel sowie Knoblauch glasig dünsten. Anschließend mit den gepressten Kartoffeln vermengen. Petersilie waschen, trocknen und fein hacken. Schnittlauch waschen und in feine Röllchen schneiden. Parmesankäse fein reiben und Weizenmehl mit Parmesan, Kräutern und der Kartoffelmasse gut vermengen. Abschmecken mit o.g. Gewürzen.
Mit angefeuchteten Händen 4 Bratlinge formen, eine beschichtete Pfanne mit 1 TL Öl einpinseln, erhitzen und von jeder Seite ca. 4–5 Min. goldgelb braten.

Enthält pro Portion ca.: **Fett: 5 g** **Cholesterin: 4 mg** **BE: 1,5**

Tipp:

Verfeinern Sie die Kartoffelfrikadellen mit 200 g Gemüse Ihrer Wahl, z. B. Lauch, Möhren, Sellerie oder Paprika oder 1 EL Leinsamen oder 1 EL gegartem und geschrotetem Getreide.

Dazu passen eine Soße Ihrer Wahl, Gemüse, Salat und Rohkost.

Kartoffel-Gemüse-Taler

Zubereitung:

Die Kartoffeln mit Schale ca. 30 Min. in wenig Wasser kochen, kalt abschrecken, pellen und noch heiß durch die Kartoffelpresse drücken. Abkühlen lassen. Inzwischen Sellerie und Möhren waschen, schälen und fein raspeln. Lauch waschen, putzen und in feine Ringe schneiden. Die Zwiebel pellen, kalt abspülen und fein würfeln. Den Topfboden mit 1 TL Öl einpinseln, erhitzen und die Zwiebel glasig dünsten. Möhren, Lauch und Sellerie hinzufügen und ca. 3 Min. bei mittlerer Hitze dünsten. Das Gemüse mit der Kartoffelmasse verrühren.
Mit Gemüsebrühpulver, Jodsalz, getrocknetem Thymian, Majoran, Oregano, Pfeffer und Muskat abschmecken.
Kartoffelstärke und Quark unterrühren. Die Kartoffelmasse zu einer Rolle formen und mit Kartoffelmehl bestäuben. Die Rolle ca. 15 Min. ruhen lassen.
Dann ca. 2 cm dicke Scheiben abschneiden.
Den Pfannenboden mit 1 EL Öl einpinseln, erhitzen und die Kartoffelscheiben von jeder Seite ca. 4 Min. goldgelb braten.

Zutaten:

400 g mehlige Kartoffeln
50 g Knollensellerie
50 g Möhren
50 g Lauch
1 Zwiebel
1 TL + 1 EL Oliven- oder Rapsöl
Gemüsebrühpulver
Jodsalz
1 Msp. getrockneter Thymian
1 Msp. Majoran
1 Msp. Oregano
Pfeffer
Muskat
5 g Kartoffelstärke (1/2 EL)
1 EL Magerquark (60 g)
5 g Kartoffelmehl/-stärke

Enthält pro Portion ca.: **Fett: 3 g** **Cholesterin: 0 mg** **BE: 1,5**

Tipps:

Zur Abwechslung können Sie das Gemüse austauschen gegen Gemüse Ihrer Wahl.
1–2 TL Sonnenblumenkerne, Kürbiskerne, Leinsamen, Sesam oder geschrotetes gegartes Getreide in die Kartoffelmasse geben.
Mit der Zwiebel eine gepresste Knoblauchzehe mitdünsten.

Dazu passen eine Soße Ihrer Wahl oder ein kalter Kräuter-Joghurt-Dip sowie Gemüse und Salat.

Gemüse-Tofu-Bratlinge

Zutaten:

250 g Tofu (natur)
100 g Kohlrabi
100 g Lauch
100 g Möhren
2 Zwiebeln
1 Knoblauchzehe
1/2 Bund Petersilie
1/2 Bund Schnittlauch
1 EL Sojasoße
Pfeffer
Jodsalz oder
Gemüsebrühpulver
2–3 EL Vollkornsemmelbrösel
1 EL Oliven- oder Rapsöl

Zubereitung:

Tofu in einem Mixer oder mit dem Pürierstab fein pürieren. Kohlrabi sowie Lauch und Möhren waschen, schälen und grob raspeln. Die Zwiebeln pellen, kalt abspülen und fein würfeln. Die Knoblauchzehe pellen und durch die Knoblauchpresse drücken. Petersilie waschen, trocknen und fein hacken. Schnittlauch waschen und in feine Röllchen schneiden. Gemüse, Kräuter und Zwiebeln mit dem Tofu vermengen sowie die Sojasoße untermengen.
Mit Pfeffer, Jodsalz oder Gemüsebrühpulver abschmecken.
Die Vollkornsemmelbröseln unterrühren. Es soll ein fester Teig entstehen. Mit angefeuchteten Händen 4 große oder 8 kleine Bratlinge formen.
Den Pfannenboden mit Öl einpinseln, erhitzen und bei mittlerer Hitze die Bratlinge von jeder Seite ca. 4–5 Min. goldbraun braten.

Enthält pro Portion ca.: **Fett: 6 g** **Cholesterin: 0 mg** **BE: 1/2**

Dazu passen eine Gemüse-Reis-Pfanne oder Gemüse-Nudel-Pfanne oder Kartoffelsalat.

Blumenkohl-Käse-Bratlinge

Zubereitung:

Den Blumenkohl waschen, Röschen ablösen und in Gemüsebrühe ca. 10 Min. bissfest dünsten. Inzwischen Ei-Ersatzpulver mit Wasser verrühren und ca. 5 Min. ausquellen lassen. Die Zwiebel pellen, kalt abspülen und fein würfeln. Käse raspeln, Blumenkohlröschen sehr klein schneiden. Haferflocken oder Vollkornmehl und Quark mit den anderen Zutaten vermengen.
Mit Pfeffer, Jodsalz, Gemüsebrühpulver, Muskat abschmecken.
Mit angefeuchteten Händen 4 Bratlinge formen. Die beschichtete Pfanne mit Öl einpinseln, erhitzen und die Bratlinge bei mittlerer Hitze von jeder Seite ca. 5 Min. goldbraun braten.

Zutaten:

500 g Blumenkohl
50 ml Gemüsebrühe
12 g Ei-Ersatzpulver mit
40 ml lauwarmem Wasser
(statt Pulver und Wasser:
1 großes Ei oder
60 g Magerquark)
1 Zwiebel (40 g)
40 g Käse 30 % Fett i.Tr.
60 g Haferflocken oder
Vollkornmehl Type 1700
80 g Magerquark
Pfeffer,
Jodsalz
Gemüsebrühpulver,
Muskat
1 EL Oliven- oder Rapsöl

Enthält pro Portion ca.: **Fett: 7 g** **Cholesterin: 4 mg** **BE: 1/2**

Dazu passen Brokkoli, Möhren, Kohlrabi oder auch Bohnen, Kartoffeln und eine Soße Ihrer Wahl.

Tipp:

Die Bratlinge lassen sich gut mit einer mittelgroßen Eiskugelzange formen. Eine Kugel Bratlingmasse abstechen, in die Pfanne setzen und mit dem Bratenwender flach drücken.

Pizzen

Alle Rezepte für 6 Personen/1 Blech

Grundrezept Pizzateig

Zutaten:

500 g Weizenmehl Type 1050
1 Pck. Trockenhefe
1 TL Jodsalz
1 TL Zucker
280 ml warmes Wasser (40 °C)
2 EL Oliven- oder Rapsöl

Zubereitung:

Mehl, Trockenhefe, Salz und Zucker in einer Schüssel gut vermengen. Warmes Wasser hinzugießen und mit den Knethaken des Handrührgerätes verkneten. Das Öl unter den Teig kneten, anschließend mit den Händen zu einem glatten Teig kneten.
Den Teig zugedeckt ca. 30 Min. an einem warmen Ort (< 40 °C) gehen lassen. Danach ca. 5 Min. mit den Händen zu einem weichen, geschmeidigen Teig kneten. Nun den Teig dünn ausrollen und auf ein mit Backpapier ausgelegtes Backblech setzen.
Noch ca. 10 Min. gehen lassen und mit der Grundsoße Ihrer Wahl bestreichen. Dann den gewünschten Belag auflegen (s. S. 122 und 123).
Backzeit: ca. 30–40 Min. bei 180 °C Umluft bzw. 200 °C Ober- und Unterhitze.

Pizzateig pro Portion ca.: **Fett: 1,5 g** **Cholesterin: 0 mg** **BE: 4,5**

Pizzabelag s. Seite 121–122

Grundsoße I

Zubereitung:

Tomatenmark mit Ketchup verrühren. Knoblauchzehen pellen, kurz abspülen und klein hacken. Mit 1 Prise Jodsalz bestreuen und mit dem Messer zu einer Paste zerdrücken. Die Knoblauchpaste und das Tomatenmark verrühren.
Mit getrocknetem Oregano, Basilikum, Thymian oder Kräutern der Provence, Paprika, Jodsalz, Pfeffer abschmecken.

Zutaten:

3–4 EL Tomatenmark (ca. 150 g)
2–3 EL Ketchup
1–2 Knoblauchzehen
1 Prise Jodsalz
2 TL getrockneten Oregano
Basilikum
Thymian oder Kräuter der Provence
Paprika
Jodsalz
Pfeffer

Pro Portion ca.: **Fett: 0,5 g** **Cholesterin: 0 mg** **BE: 0,25 (3 g KH)**

Grundsoße II

Zubereitung:

Zwiebeln und Knoblauchzehen pellen, abspülen und fein würfeln. Den Topf mit Öl einpinseln, erhitzen und Zwiebeln sowie Knoblauch andünsten. Geschälte Tomaten oder pürierte Tomaten oder gewürfelte Tomaten, getrocknetes Oregano und Lorbeerblatt hinzufügen, umrühren und so lange köcheln lassen, bis es zu einer dicklichen Masse eingekocht ist. Mit Pfeffer, Paprika, Jodsalz abschmecken. Das Lorbeerblatt entfernen.

Zutaten:

3 Zwiebeln
2 Knoblauchzehen
1 TL Oliven- oder Rapsöl
1 Dose geschälte Tomaten (480 g) oder 500 g pürierte Tomaten (Tetrapack) oder 500 g gewürfelte Tomaten
1 TL getrockneter Oregano
1 Lorbeerblatt
Pfeffer
Paprika
Jodsalz

Pro Portion ca.: **Fett: 1 g** **Cholesterin: 0 mg** **BE: 0**

Pizzabelag

Grundlage ist immer das Grundrezept Pizzateig, bestrichen mit Grundsoße I oder Grundsoße II

Gemüsepizza

Zutaten:

200 g Tomaten
700 g Gemüse
250 g Käse 30 % Fett i.Tr.
(z. B. Bauerngouda, Edamer, Oldenburger Burlander, Emmentaler)

Zubereitung:

Die Tomaten waschen, den Strunk entfernen, in Scheiben schneiden und die Pizza damit belegen.
Es eignet sich folgendes Gemüse als Belag:

- Lauch, Mais, Paprika, blanchierter Brokkoli und Zwiebelringe oder
- Zwiebeln, Mais, blättrig geschnittene Champign Zucchini und Paprika oder
- Zwiebeln, Champignons, Oliven, Peperoni, Papr und Artischocken

Das vorbereitete Gemüse auf der Pizza verteilen u den geraspelten Käse darüber streuen.
Die Pizza bei 180 °C Heißluft bzw. 200 °C Ober- u Unterhitze ca. 30–40 Min. backen.

Pro Portion fertige Pizza ca.:	**Fett: 11 g**	**Cholesterin: 18 mg**	**BE: 4,5**

Pizza Hawaii

Zubereitung:

Die Tomaten waschen, Strunk entfernen, in Scheiben schneiden und den vorbereiteten Pizzateig mit der Grundsoße nach Wahl mit den Tomatenscheiben belegen. Frühlingszwiebeln und Paprika putzen, waschen, in Ringe schneiden und mit dem Mais auf der Pizza verteilen.
Den Fettrand beim Schinken abschneiden, Schinken in dünne Streifen schneiden. Ananas in Stücke schneiden und zusammen mit dem Schinken auf der Pizza verteilen. Den Käse raspeln und über die Pizza streuen.
Bei 180 °C Heißluft bzw. 200 °C Ober- und Unterhitze ca. 30–40 Min. backen.

Zutaten:

200 g Tomaten
1 Bund Frühlingszwiebeln
150 g Mais
1 Paprikaschote
200 g Kochschinken
250 g Ananas
(Dose: Dunstananas
oder leicht gezuckert)
250 g Käse 30 % Fett i.Tr.

Pro Portion fertige Pizza ca.: **Fett: 12 g** **Cholesterin: 46 mg** **BE: 5,5**

Pizza Tonno

Zubereitung:

Die Tomaten waschen, den Strunk entfernen und in Scheiben schneiden. Thunfisch und Mais abtropfen lassen. Oliven vierteln. Peperoni fein würfeln. Zwiebeln pellen, kurz abspülen und in halbe Ringe schneiden. Paprika waschen, putzen und in Streifen schneiden. Pizza mit Grundsoße I oder II bestreichen, Tomatenscheiben, Thunfisch, Mais, Paprika, Oliven, Peperoni und Zwiebeln darauf verteilen. Den Käse raspeln und über die Pizza streuen.
Bei 180 °C Heißluft bzw. 200 °C Ober- und Unterhitze ca. 30–40 Min. backen.

Zutaten:

200 g Tomaten
150 g Thunfisch
(im eigenen Saft/Dose)
150 g Mais (Dose)
50 g grüne Oliven (12 Stck.)
50 g Peperoni (5 Stck.)
100 g Zwiebeln (3 Stck.)
400 g Paprika (2 Stck.)
250 g Käse 30 % Fett i.Tr.

Pro Portion fertige Pizza ca.: **Fett: 20 g** **Cholesterin: 26 mg** **BE: 4,5**

Getreide-
Gemüse-Pfannen

Getreide-Gemüse-Pfannen

**Alle Rezepte
für 4 Personen**

Quinoa-Pfanne

Zubereitung:

Quinoa in einem Haarsieb erst heiß, dann kalt unter fließendem Wasser abspülen und gut abtropfen lassen. Eine Zwiebel pellen und fein hacken. Die Knoblauchzehe pellen und durch die Knoblauchpresse drücken. Den Kochtopfboden mit 1 TL Öl einpinseln, erhitzen und die gehackten Zwiebeln sowie Knoblauch glasig dünsten. Quinoa hinzufügen und ca. 2 Min. unter Wenden mitdünsten. Mit 500 ml Gemüsebrühe ablöschen, aufkochen, umrühren und bei schwacher Hitze im geschlossenen Kochtopf ca. 20–25 Min. ausquellen lassen. Inzwischen Lauch waschen und in feine Ringe schneiden. Die Gemüsezwiebel pellen, abspülen und fein würfeln. Rote Paprika waschen, putzen und in feine Streifen schneiden. Den Topfboden mit 1 EL Öl einpinseln, erhitzen und die Zwiebeln glasig dünsten, Lauch und Paprika hinzufügen und kurz mitdünsten. Das Liebstöckelblatt waschen, fein hacken und zum Gemüse geben. Die restliche Gemüsebrühe (100 ml) hinzufügen und das Gemüse im geschlossenen Topf ca. 8 Min. dünsten (mittlere Stufe). Petersilie waschen, fein hacken und zum Gemüse geben. Das Gemüse und Quinoa vermengen. Mit Gemüsebrühpulver und Pfeffer abschmecken.

Zutaten:

250 g Quinoa
1 kleine Zwiebel
1 Knoblauchzehe
1 TL und 1 EL Oliven- oder Rapsöl
500 + 100 ml Gemüsebrühe
1 Stange Lauch (250 g)
1 kl. Gemüsezwiebel (150 g)
1 rote Paprika (200 g)
1 kl. Blatt Liebstöckel oder
1 Msp. getrockneter Liebstöckel
1 Bund Petersilie
Gemüsebrühpulver
Pfeffer

Pro Portion ca.: **Fett: 7 g** **Cholesterin: 0 mg** **BE: 3**

Dazu passt eine Tomaten- oder Paprikasoße.

Tipp:

Tauschen Sie Quinoa einfach durch Reis oder Hirse aus.

Quinoa wird auch als Inka-Getreide oder Inka-Gold bezeichnet, da es aus Südamerika stammt und den Inkas als Grundnahrungsmittel diente. Quinoa erhalten Sie im Reformhaus und im Naturkostladen. Quinoa ist reich an Vitaminen und Mineralstoffen, besonders an Eisen. Der geringe Fettanteil besteht zudem aus überwiegend mehrfach ungesättigten Fettsäuren. Schon wenn Sie den Quinoa garen, wird der hohe Ballaststoffanteil ersichtlich, da sich die äußere Randschicht ablöst. Quinoa weist einen würzigen, herzhaften Geschmack auf im Gegensatz zum relativ neutralen Reis und der eher etwas süßlichen Hirse.

Hirse-Bohnen-Pfanne

Zutaten:

250 g Hirse
2 kl. Zwiebeln
1 Knoblauchzehe
1 TL Oliven- oder Rapsöl
2 Blatt Liebstöckel oder
2 Msp. getrockneter Liebstöckel
500 ml Gemüsebrühe
200 g grüne Bohnen
500 g Champignons
150 g Mais (Dose)
2 TL Zitronensaft
Gemüsebrühpulver oder Jodsalz
Pfeffer
2 EL geh. Petersilie

Zubereitung:

Hirse in einem Haarsieb erst heiß, dann kalt unter fließendem Wasser abspülen und gut abtropfen lassen. Zwiebeln pellen und fein hacken. Die Knoblauchzehe pellen und durch die Knoblauchpresse drücken. Den Kochtopfboden mit Öl einpinseln, erhitzen, Zwiebeln und Knoblauch glasig dünsten. Hirse hinzufügen und ca. 2 Min. unter Wenden mitdünsten. Liebstöckel hinzufügen. Mit Gemüsebrühe ablöschen, aufkochen und im geschlossenen Topf ca. 25 Min. bei schwacher Hitze ausquellen lassen. Grüne Bohnen waschen, Enden abschneiden und in ca. 2 cm lange Stücke schneiden, Champignons putzen und in feine Scheiben/Blätter schneiden. Eine beschichtete Pfanne erhitzen, die Champignons unter Wenden anbraten. Sobald die Champignons Wasser abgeben, die Bohnen hinzufügen und in der geschlossenen Pfanne ca. 15 Min. dünsten. Mais und Zitronensaft hinzufügen. Gemüse mit der Hirse vermengen.
Mit Gemüsebrühpulver oder Jodsalz, Pfeffer, evtl. getrocknetem Liebstöckel, Petersilie abschmecken.

Pro Portion ca.:	**Fett: 5 g**	**Cholesterin: 0 mg**	**BE: 3,5**

Eine Champignon- oder Käsesoße runden das Gericht ab.

Abwandlungen:
Verwenden Sie frischen Blattspinat anstelle der Bohnen. Geben Sie den Blattspinat zu den gebratenen Champignons. Sobald der Spinat eingefallen ist, die Hirse untermengen. Abschmecken mit den obigen Gewürzen und geriebener Muskatnuss.
Anstelle der Hirse einfach mal Bulgur verwenden. Die Hirse wird durch die gleiche Menge Bulgur ersetzt und wie im Rezept beschrieben weiter verfahren. Besonders gut schmeckt es mit Bulgur, wenn statt der grünen Bohnen frischer Blattspinat verwendet wird.

Tomaten-Weizen-Topf

Zubereitung:

Die Weizenkörner in 500 ml kaltem Wasser ca. 6–10 Stunden einweichen. Gemüsebrühpulver hinzufügen und im geschlossenen Topf ca. 40 Min. kochen. Zucchini waschen, putzen, längs vierteln und in dünne Scheiben schneiden. Tomaten waschen, Stielansatz entfernen und klein würfeln. Frühlingszwiebeln waschen, putzen und in feine Ringe schneiden. Öl in einem großen Kochtopf erhitzen und die Zucchini ca. 2 Min. anbraten. Den gegarten Weizen mit der Flüssigkeit hinzufügen und ca. 5 Min. mitgaren. Tomaten und Frühlingszwiebeln unterheben und alles ca. 2 Min. ziehen lassen.
Mit gehacktem Basilikum oder Kresse sowie Pfeffer, Kräutersalz, Paprika, Kräutersalz und Curry abschmecken.

Zutaten:

300 g Weizenkörner
2 TL Gemüsebrühpulver
500 ml Wasser
2 Zucchini (400 g)
5–6 Tomaten
1 Bund Frühlingszwiebeln
1 EL Oliven- oder Rapsöl
1 Bund Basilikum (gehackt)
oder 1 Topf Kresse
Pfeffer
Kräutersalz
Paprika
1–2 TL Curry

Pro Portion ca.: **Fett: 5 g** **Cholesterin: 0 mg** **BE: 4**

Dazu passt eine Käse-, Zwiebel- oder Champignonsoße.

Gemüse-Getreide-Pfanne mit Kräutersoße

Zutaten:

150 g Weizenkörner
150 g Haferkörner (oder 300 g Dinkel oder Roggen oder Grünkern)
500 ml Wasser
2 TL Gemüsebrühpulver
3 Frühlingszwiebeln (100 g)
2 Stangen Lauch (400 g)
250 g Möhren
1 kleiner Kohlrabi (200 g)
1/2 Knolle Sellerie (200 g)
1 Knoblauchzehe
1 EL Oliven- oder Rapsöl
Gemüsebrühpulver
Kräutersalz
2 EL gehackte Petersilie
Pfeffer

Zubereitung:

Die Getreidekörner in kaltem Wasser 6–10 Stunden einweichen lassen (z. B. über Nacht im Kühlschrank). Dann im Einweichwasser mit Gemüsebrühpulver aufkochen und zugedeckt 50 Min. kochen (mittlere Stufe).
Inzwischen Frühlingszwiebeln und Lauch waschen, putzen und in feine Ringe schneiden. Möhren und Kohlrabi sowie Knollensellerie waschen, schälen, abspülen und in kleine Würfel schneiden. Eine Knoblauchzehe pellen und fein hacken. Öl in einer Pfanne erhitzen und den Knoblauch 1 Min. anbraten.
Das Gemüse hinzufügen und 3 Min. unter mehrmaligem Wenden dünsten, zu dem fertig gegarten Getreide unterrühren. Die Getreidepfanne noch 10 Min. weiter dünsten.
Mit Gemüsebrühpulver, Kräutersalz, gehackter Petersilie, Pfeffer abschmecken.

Kräutersoße

Zutaten:

150 g Magermilchjoghurt
100 g saure Sahne 10 % Fett
50 g Magerquark
2 EL Mineralwasser
1 Bund Schnittlauch
5 Blatt Zitronenmelisse
1/2 Bund Dill
1 El Zitronensaft
Pfeffer, Kräutersalz

Zubereitung:

Joghurt, saure Sahne, Magerquark, Mineralwasser in eine Rührschüssel geben und mit dem Schneebesen cremig rühren. Schnittlauch waschen und in Röllchen schneiden, Zitronenmelisse waschen, fein hacken, Dill waschen und die Spitzen abzupfen. Zitronensaft und Kräuter unter die Soße rühren.
Mit Pfeffer und Kräutersalz abschmecken.

Pro Portion ca.:	**Fett: 9 g**	**Cholesterin: 8 mg**	**BE: 4**

Kräutersoße getrennt zur Getreidepfanne reichen.

Reis-Gemüse-Pfanne

Zubereitung:

Den Reis in einem Haarsieb erst heiß, dann kalt unter fließendem Wasser abspülen und gut abtropfen lassen. Zwiebeln pellen und fein würfeln. Den Topfboden mit 1 TL Öl einpinseln, erhitzen und die Zwiebel glasig dünsten. Reis hinzufügen und 2 Min. mit dünsten. Mit 500 ml Gemüsebrühe ablöschen, aufkochen und im geschlossenen Topf bei geringer Hitze ausquellen lassen. Frühlingszwiebeln waschen, putzen und in feine Ringe schneiden. Gelbe und rote Paprika waschen, putzen und in kleine Würfel oder feine Streifen schneiden. Eine Pfanne mit 1 TL Öl einpinseln, erhitzen und die Frühlingszwiebeln 2 Min. dünsten. Die Paprikastücke hinzufügen und vermengen. Die restliche Gemüsebrühe (100 ml) hinzufügen und in der geschlossenen Pfanne 5–7 Min. dünsten. Reis zum Gemüse geben und vermengen. Mit Gemüsebrühpulver oder Jodsalz, Pfeffer, Schnittlauchröllchen, gehackter Petersilie und Paprikagewürz abschmecken.

Zutaten:

250 g Naturreis oder Langkornreis parboiled
2 kl. Zwiebeln
1 TL + 1 TL Oliven- oder Rapsöl
500 + 100 ml Gemüsebrühe
1 Bund Frühlingszwiebeln
1 gelbe Paprika
1 rote Paprika
Gemüsebrühpulver oder Jodsalz
Pfeffer
1 EL Schnittlauchröllchen
1 EL gehackte Petersilie
Paprikagewürz

Pro Portion ca.:	**Fett: 5,6 g**	**Cholesterin: 0 mg**	**BE: 4**

Abwandlungen:
Für **Curryreis** verwenden Sie statt Paprikagewürz nur Curry. Passt gut als Beilage zu Fleisch, Fisch oder Bratlingen.
Für eine **Nudelpfanne** verwenden Sie statt Reis nur Nudeln: Die Nudeln al dente kochen und mit dem gegarten Gemüse vermengen.

Hierzu passt eine Käse-, Champignon- oder Tomatensoße.

Nudel-Gemüse-Pfanne

Zutaten:

300 g Vollkornspiralnudeln
2–3 l Wasser
1 TL Salz
350 g Brokkoli
150 g Möhren
1 Zwiebel
1–2 Knoblauchzehen
1 EL Oliven- oder Rapsöl
1 geh. EL Tomatenmark
250 ml Gemüsebrühe
150 g tiefgefrorene Erbsen
300 g Tomaten (4–5 Stück)
6 EL geriebenen Parmesan
32 % Fett i.Tr.
2 El gehackte Petersilie
Pfeffer
Kräutersalz
evtl. Kräuter der Provence

Zubereitung:

Das Wasser und Salz zum Kochen bringen. Die Nudeln in das kochende Salzwasser geben und 6 Min. im sprudelnden Wasser al dente kochen (ohne Deckel). Nudeln in ein Sieb geben und gut abtropfen lassen. Brokkoli waschen, putzen und in kleine Röschen teilen. Möhren schälen, waschen und in kleine Würfel schneiden. Eine Zwiebel und Knoblauchzehen pellen und fein würfeln. Den Pfannenboden mit Öl einpinseln, erhitzen und Zwiebeln sowie den Knoblauch glasig dünsten. Tomatenmark hinzufügen und unter Wenden alles 2 Min. dünsten. Mit Gemüsebrühe ablöschen sowie Erbsen, Brokkoli und Möhren hinzufügen.
In der geschlossenen Pfanne 7 Min. dünsten. Tomaten waschen, den Stielansatz entfernen, klein würfeln, zum Gemüse geben und die Nudeln sowie 2 EL geriebenen Parmesan unterheben.
Mit gehackter Petersilie, Pfeffer, Kräutersalz und evtl. Kräuter der Provence abschmecken.
Auf die angerichteten Nudelteller jeweils 1 EL geriebenen Parmesan streuen.

Pro Portion ca.:	**Fett: 9 g**	**Cholesterin: 8 mg**	**BE: 4**

Dazu passt eine Käse-, Tomaten- oder Paprikasoße.

Lasagne

Alle Rezepte für 6 Personen

Spinat-Lasagne

Zutaten:

1 Gemüsezwiebel
4 Knoblauchzehen
1 EL Olivenöl
1200 g Blattspinat (TK)
250 ml Gemüsebrühe
Pfeffer
Jodsalz
Muskat
Gemüsebrühpulver
300 g Magerquark
100 ml Mineralwasser
150 g saure Sahne
150 g Schafskäse 45 % Fett i.Tr. (Feta)
3 Tomaten
80 g Käse 30 % Fett i.Tr.
300 g Lasagneplatten ohne Vorkochen (ca. 20 Stück)

Zubereitung:

Eine Zwiebel pellen, abspülen und fein würfeln. Die Knoblauchzehen pellen und durch die Knoblauchpresse drücken. Öl in einem Kochtopf erhitzen, Zwiebeln und Knoblauch darin andünsten. Spinat und Gemüsebrühe hinzufügen. Den Spinat ca. 10 Min. dünsten. Kräftig mit Pfeffer, Jodsalz, Muskat und Gemüsebrühpulver abschmecken.
Quark mit Mineralwasser cremig rühren und mit saurer Sahne glatt rühren. Schafskäse fein zerbröckeln und unter die Quarkmasse rühren. Tomaten waschen und in Scheiben schneiden, Käse fein raspeln. 3–4 EL der Quarkcreme in eine ungefettete Auflaufform (20 x 30 cm) streichen. Dann abwechselnd Lasagneplatten, Spinat und 2/3 der Quarkcreme einschichten. Mit Spinat abschließen und die restliche Quarkcreme darüber streichen. Die Tomatenscheiben darauf legen und mit dem geraspelten Käse bestreuen.
Im heißen Ofen bei 175 °C Umluft bzw. 200 °C Ober- und Unterhitze ca. 35 Min. backen.

Enthält pro Portion ca.:	**Fett: 12 g**	**Cholesterin: 26 mg**	**BE: 3,5**

Gemüse-Lasagne »Mexiko«

Zutaten:

2 Gemüsezwiebeln (ca. 700 g)
2 Bund Lauchzwiebeln
2 Dosen Kidneybohnen (ca. 425 ml)
1 Dose Mais (ca. 425 ml)
1 rote Chilischote
2–3 Knoblauchzehen
1 EL Oliven- oder Rapsöl
1 Dose geschälte Tomaten (ca. 850 ml)
2–3 EL Tomatenketchup
Jodsalz
Pfeffer
1 Prise Zucker
200 g Käse 30 % Fett i.Tr.
150 g Magerquark
50 ml Mineralwasser
150 g saure Sahne
250 g Lasagneplatten (ohne Vorkochen)

Zubereitung:

Die Zwiebeln pellen, abspülen und fein würfeln. Lauchzwiebeln putzen, abspülen und in feine Ringe schneiden. Kidneybohnen und Mais in einem Haarsieb gut abtropfen lassen. Eine Chilischote entkernen, waschen und sehr fein würfeln. Die Knoblauchzehen pellen, abspülen und fein hacken. Öl im Topf erhitzen, die Zwiebeln glasig dünsten, Knoblauch, Lauchzwiebeln sowie Chili hinzufügen und ca. 2 Min. mitdünsten. Geschälte Tomaten mit Saft, Tomatenketchup sowie Bohnen und Mais hinzufügen. Alles ca. 5 Min. köcheln lassen. Mit Jodsalz, Pfeffer und Zucker abschmecken. Den Käse raspeln. Quark mit Mineralwasser cremig rühren und die saure Sahne unterrühren. Eine ungefettete Auflaufform (20 x 30 cm) mit 4 EL Quarkmasse bestreichen. Abwechselnd Lasagneplatten, Gemüse und 2/3 geraspelten Käse einschichten. Mit Gemüse abschließen. Rest Quarkmasse und Käse darauf verteilen. Im heißen Ofen bei Umluft 175 °C bzw. 200 °C Ober- u. Unterhitze ca. 35 Min. backen.

Enthält pro Portion ca.: **Fett: 14 g** **Cholesterin: 23 mg** **BE: 3**

Kirsch-Quark-Lasagne

Zubereitung:

Die Kirschen gut abtropfen lassen und dabei den Kirschsaft auffangen. Den Kirschsaft mit Zitronensaft aufkochen und unter Rühren das Johannisbrotkernmehl einstreuen. Kirschen unterheben und alles mit Zimt und Süßstoff oder Zucker abschmecken.
Diätmargarine, Zucker, Jodsalz und Zitronenschale in einer Rührschüssel schaumig rühren. Quark, Joghurt, Milch und Vanillepuddingpulver hinzufügen und alles gut verrühren. Das Eiweiß steif schlagen und dabei Vanillinzucker einrieseln lassen. Eiweiß vorsichtig mit einem Schneebesen unter die Masse heben.
Den Boden einer ungefetteten Auflaufform (20 x 30 cm) mit 3–4 EL Quarkmasse gleichmäßig bestreichen und mit 3 Lasagneplatten abdecken. Die Hälfte der Quarkmasse gleichmäßig darauf streichen und mit 3 weiteren Lasagneplatten abdecken. Die Kirschen auf den Platten verteilen und die restlichen Lasagneplatten darauf legen. Mit der restlichen Quarkmasse locker bestreichen.
Im vorgeheizten Backofen 175 °C Heißluft bzw. 200 °C Ober- und Unterhitze ca. 45–50 Min. backen. Noch warm mit 10 g Puderzucker bestreuen.

Zutaten:

1 Glas Schattenmorellen (720 ml)
2 TL Zitronensaft
4 g Johannisbrotkernmehl
Zimt
1 TL Süßstoff oder 2 EL Zucker
50 g Diätmargarine
80 g Zucker (oder 60 g Fruchtzucker)
1 Prise Jodsalz
1 TL abgeriebene Schale einer unbehandelten Zitrone
400 g Magerquark
150 g Magermilchjoghurt
75 ml Milch 1,5 % Fett
40 g Vanillepuddingpulver
3 Eiweiß
1 Pck. Vanillinzucker (10 g)
9–10 Lasagneplatten (ohne Vorkochen)
10 g Puderzucker

Enthält pro Portion ca.: **Fett: 11 g** **Cholesterin: 1 mg** **BE: 6 (viel Zucker)**

Strudel

Grundrezept Strudelteig I

Zutaten:

250 g Weizenmehl Type 1050
1 Prise Jodsalz
125 ml Wasser
1 TL Essig
40 g Diätmargarine
20 ml Kondensmilch 4 % Fett

Zubereitung:

Das Mehl in eine Rührschüssel sieben und Salz hinzufügen. Wasser mit Essig vermengen (macht den Teig geschmeidiger). Die Margarine in einem Topf bei geringer Hitze zum Schmelzen bringen. Das Essigwasser, die geschmolzene Margarine und das Mehl mit den Knethaken des Handrührgerätes zu einem weichen Teig kneten und diesen anschließend kräftig auf die Arbeitsfläche schlagen. Den Teigkloß in eine vorgewärmte Rührschüssel geben, mit wenig lauwarmem Wasser bestreichen und zugedeckt ca. 30 Min. ruhen lassen. Danach den Teig mit dem Nudelholz auf einem leicht bemehlten Tuch ausrollen, den Teig vorsichtig über die Handrücken auseinanderziehen, bis fast hindurch gesehen werden kann (ca. 50 x 60 cm). Den Strudel beliebig füllen, die Ränder umschlagen und mit Hilfe des Tuches von der schmalen Seite her aufrollen. Den Strudel auf ein mit Backpapier ausgelegtes Backblech geben, mit Kondensmilch einpinseln und bei 180 °C Heißluft bzw. 200 °C Ober- und Unterhitze ca. 35–40 Min. backen.
Die Teignaht sollte immer unten liegen, sonst bricht der Strudel beim Backen auf.

Grundrezept Strudelteig II

Zutaten:

250 g Weizenmehl Type 1050
100 g Buchweizenmehl
4 EL Oliven- oder Rapsöl
1/2 TL Salz
150 ml lauwarmes Wasser

Zubereitung:

Weizen- und Buchweizenmehl mischen, Öl, Salz sowie lauwarmes Wasser hinzufügen. Alles zu einem weichen Teig verkneten und kräftig auf die Arbeitsfläche schlagen.
Nun weiter verfahren wie im Grundrezept I.

Apfelfüllung (10 Stücke)

Zubereitung:

Grundrezept Strudelteig (s. S. 134) zubereiten. Die Äpfel waschen, schälen, Kerngehäuse entfernen und in dünne Scheiben schneiden oder grob raspeln. Zucker, Zimt, Rosinen, Zitronensaft und Nüsse vermengen und mit den Äpfeln vermischen. Ca. 15 Min. durchziehen lassen. Haferflocken in einer beschichteten Pfanne rösten, auf den ausgerollten Strudelteig streuen, die Apfelfüllung darauf verteilen und wie im Grundrezept (S. 134) weiter verfahren.

Zutaten:

1 kg Äpfel (säuerlich)
60 g Zucker (oder Süßstoff)
1/2 TL Zimt
50 g Rosinen
50 g gehackte Nüsse
20 g Haferflocken (blütenzart)
1 EL Zitronensaft

Enthält pro Portion ca.:

Grundrezept I: Fett: 7,4 g	**Cholesterin: 0 mg**	**BE: 2,5 (ohne Zucker)**
Grundrezept II: Fett: 8,4 g	**Cholesterin: 0 mg**	**BE: 3 (ohne Zucker)**

Dazu passen eine Vanille- oder Zimtsoße.

Kirschfüllung (10 Stücke)

Zubereitung:

Grundrezept Strudelteig (s. S. 134) zubereiten. Die gut abgetropften Kirschen mit den gehackten Nüssen, Zucker, Zimt und der geriebenen Zitronenschale vermengen. Ca. 10 Min. durchziehen lassen. Haferflocken in einer beschichteten Pfanne rösten, auf den ausgerollten Strudelteig streuen sowie die Füllung darüber verteilen. Die Ränder einschlagen, aufrollen und wie im Grundrezept (S. 134) beschrieben weiter verfahren.

Zutaten:

600 g Schattenmorellen (Glas)
50 g gehackte Nüsse
60 g Zucker (oder Süßstoff)
1–2 TL Zimt
1 unbehandelte Zitrone (abgeriebene Schale)
20 g Haferflocken (blütenzart)

Enthält pro Portion ca.:

Grundrezept I: Fett: 7 g	**Cholesterin: 0 mg**	**BE: 2,5 (ohne Zucker)**
Grundrezept II: Fett: 8 g	**Cholesterin: 0 mg**	**BE: 3 (ohne Zucker)**

Dazu passen eine Vanille- oder Zimtsoße.

Zwetschenstrudel (10 Stücke)

Grundrezept Strudelteig zubereiten.
Statt Kirschen die gleiche Menge Zwetschen oder Pflaumen verwenden.

Enthält pro Portion ca.:

Grundrezept I: Fett: 7 g	**Cholesterin: 0 mg**	**BE: 2,5 (ohne Zucker)**
Grundrezept II: Fett: 8 g	**Cholesterin: 0 mg**	**BE: 3 (ohne Zucker)**

Süße Quarkfüllung (10 Stücke)

Zutaten:

500 g Magerquark
1 Eigelb
60 g Zucker (oder Süßstoff)
50 g Rosinen
Zitronensaft
Vanille oder Zimt

Zubereitung:

Grundrezept Strudelteig zubereiten (Seite 134).
Quark mit Eigelb verrühren, dann mit Zucker und Rosinen vermengen. Abschmecken mit Zitronensaft, Vanille oder Zimt.
Nun auf eine Hälfte des ausgerollten Strudelteiges die Quarkmasse streichen und das Aufrollen bei der Füllung beginnen, so dass die ungefüllte Seite zuletzt aufgerollt ist. (Der Quark dehnt sich beim Backen aus, deshalb darf nur eine Hälfte des Teiges mit der Quarkmasse bestrichen werden, ansonsten würde er beim Backen reißen.) Nun können Sie wie auf Seite 134 beschrieben weiter verfahren.
Bei 180 °C Heißluft bzw. 200 °C Ober- und Unterhitze ca. 35–40 Min. backen.

Für den **Mohnstrudel** ca. 100 g Mohn hinzufügen (+ 6,2 g Fett pro Stück).

Enthält pro Portion ca.:

Grundrezept I: Fett: 4,5 g	**Cholesterin: 32 mg**	**BE: 2 (ohne Zucker)**
Grundrezept II: Fett: 5,5 g	**Cholesterin: 32 mg**	**BE: 2,5 (ohne Zucker)**

Tipp:

Probieren Sie hierzu eine Fruchtsoße Ihrer Wahl.

Sauerkrautstrudel (4 Personen)

Zutaten:

3 Zwiebeln
1 rote Paprika (150 g)
1 EL Oliven- oder Rapsöl
150 g Schafskäse (Feta)
45 % Fett i.Tr.
1 kg Sauerkraut
2 EL Petersilie, gehackt
1 EL Schnittlauchröllchen
Jodsalz
Pfeffer
evtl. 1–2 Knoblauchzehen
20 g Weizenmehl Type 1050

Zubereitung:

Grundrezept Strudelteig zubereiten (s. S. 134). Die Zwiebeln pellen, abspülen, in feine Ringe schneiden. Paprika waschen, putzen und in kleine Würfel schneiden. Einen Topf mit Öl einpinseln, Zwiebeln glasig dünsten, Paprika hinzufügen und ca. 5 Min. mit dünsten. Schafskäse raspeln. Sauerkraut mit der Paprika-Zwiebel-Masse und gehackter Petersilie sowie den Schnittlauchröllchen vermengen.
Mit Jodsalz, Pfeffer, eventuell gepressten Knoblauchzehen abschmecken.
Den ausgezogenen Strudelteig (s. Grundrezept S. 134) mit Mehl bestreuen, die Sauerkrautmasse darauf verteilen und den geraspelten Schafskäse dazugeben.
Die Ränder einschlagen, den Strudel aufrollen und wie im Grundrezept S. 134 beschrieben weiter verfahren.
Bei 180 °C Heißluft bzw. 190 °C Ober- und Unterhitze ca. 45–50 Min. backen.

Enthält pro Portion ca.:

Grundrezept I:	**Fett: 20 g**	**Cholesterin: 17 mg**	**BE: 4**
Grundrezept II:	**Fett: 22,5 g**	**Cholesterin: 17 mg**	**BE: 5**

Käsefüllung (4 Personen)

Zutaten:

2 Zwiebeln
1–2 Knoblauchzehen
2 Stangen Lauch (400 g)
1 EL Oliven- oder Rapsöl
125 g Käse 30 % Fett i.Tr.
350 g Magerquark
1 EL Petersilie
2 EL Schnittlauchröllchen
½–1 TL gemahlener Kümmel
Pfeffer
Jodsalz
20 g Weizenmehl Type 1050

Zubereitung:

Grundrezept Strudelteig zubereiten (Seite 134).
Die Zwiebeln pellen, abspülen, halbieren und in Ringe schneiden. Knoblauchzehen pellen, abspülen, fein hacken. Lauch waschen, putzen und in feine Ringe schneiden. Eine Pfanne mit Öl einpinseln und die Zwiebeln und Knoblauch glasig dünsten. Lauch ca. 5 Min. mitdünsten. Gemüse abkühlen lassen und die beim Dünsten entstandene Flüssigkeit abgießen (kann getrunken werden). Käse raspeln, mit Quark, gehackter Petersilie und Schnittlauchröllchen verrühren und mit der Gemüsemasse vermengen.
Kräftig mit gemahlenem Kümmel, Pfeffer und Salz abschmecken.
Den ausgezogenen Strudelteig mit Mehl bestreuen. Die Käsemasse auf eine Hälfte des Teiges verteilen, Ränder einschlagen und aufrollen. Teig so aufrollen, dass die ungefüllte Seite zuletzt aufgerollt wird, und wie auf S. 134 beschrieben weiter verfahren.
Bei 180 °C Heißluft bzw. 190 °C Ober- und Unterhitze ca. 45–50 Min. backen.

Enthält Portion ca.:

Grundrezept I: Fett: 17,2 g	**Cholesterin: 15 mg**	**BE: 4**
Grundrezept II: Fett: 19,7 g	**Cholesterin: 15 mg**	**BE: 5**

Tipp:

Probieren Sie hierzu die Spinat- oder Tomatensoße.

Spinatfüllung (4 Personen)

Zubereitung:

Grundrezept Strudelteig zubereiten (Seite 134).
Die Zwiebeln pellen, abspülen, fein würfeln. Knoblauchzehen pellen, abspülen und fein hacken.
Den Topf mit Öl einpinseln und erhitzen, Zwiebeln und Knoblauch glasig dünsten. Spinat dazugeben und einmal aufkochen lassen.
Kräftig abschmecken mit Muskat, Pfeffer und Salz. Schafskäse fein würfeln und mit dem Spinat vermengen. Die Spinatmasse auf dem ausgezogenen Strudelteig verteilen und wie im Grundrezept (S. 134) beschrieben weiter verfahren.
Bei ca. 180 °C Heißluft bzw. 200 °C Ober- und Unterhitze ca. 40–45 Min. backen.

Zutaten:

3 kl. Zwiebeln
2 Knoblauchzehen
1 EL Oliven- oder Rapsöl
800 g Spinat (tiefgekühlt) oder 1 kg (frisch)
Muskat
Pfeffer
Jodsalz
100 g Schafskäse 45 % Fett i.Tr.

Enthält pro Portion ca.:

Grundrezept I:	**Fett: 13,4 g**	**Cholesterin: 6 mg**	**BE: 3,5**
Grundrezept II:	**Fett: 15,9 g**	**Cholesterin: 6 mg**	**BE: 5**

Fisch

Fisch

Alle Rezepte für 4 Personen

Lachsfilet im Chinakohlmantel

Zutaten:

500 g Lachs (4 Filets)
1 Zitrone (Saft)
250 g Chinakohl (1 Kopf)
100 g Möhren
100 g Knollensellerie
100 g Zucchini
1 TL Oliven- oder Rapsöl
Jodsalz
Pfeffer
1 Bund frischen Dill
100 ml Gemüsebrühe

Zubereitung:

Die Lachsfilets waschen, trockentupfen, mit dem Zitronensaft beträufeln und 15 Min. durchziehen lassen. Die ersten 8 Blätter vom Chinakohl im Ganzen entfernen, ca. 1 Minute in kochendes Wasser legen und anschließend kalt abschrecken. Den restlichen Chinakohl, Möhren, Sellerie und Zucchini waschen, putzen und in feine Würfel schneiden. Den Topf mit Öl einpinseln und das Gemüse 5 Min. bissfest dünsten. Inzwischen die Lachsfilets mit Salz und Pfeffer würzen, jeweils 2 Kohlblätter übereinanderlegen und die Lachsfilets darauf setzen. Auf jedes Filet einen Esslöffel Gemüsemischung geben und die Kohlblätter darüber einschlagen, eventuell mit Zahnstochern feststecken. Die Fischpäckchen in eine ungefettete Auflaufform geben. Dill waschen, hacken und zusammen mit der Gemüsebrühe sowie dem restlichen Gemüse in die Auflaufform füllen. Bei 175 °C Umluft bzw. 190 °C Ober- u. Unterhitze ca. 15 Minuten garen.

Enthält pro Portion ca.: **Fett: 19 g** **Cholesterin: 55 mg** **BE: 0**

Dazu passen Pell- oder Salzkartoffeln und eine Dillsoße.

Seelachsrouladen

Zubereitung:

Die Filets waschen, trockentupfen, mit dem Zitronensaft beträufeln und 15 Min. durchziehen lassen. Die Knoblauchzehe pellen und durch die Knoblauchpresse drücken. Petersilie und Dill waschen, hacken und mit dem Knoblauch vermengen.
Paprika waschen, putzen, in feine Streifen schneiden, eine Zwiebel pellen und in feine Ringe schneiden. Die Tomaten waschen, putzen und in Scheiben schneiden. Die Fischfilets leicht mit Salz und Pfeffer würzen sowie mit dem Tomatenmark bestreichen.
Die Knoblauch-Kräuter-Mischung auf die Filets streichen sowie Paprikastreifen und Zwiebelringe darauf verteilen. Anschließend die Filets zu Rouladen zusammenrollen und mit Baumwollgarn umwickeln.
In eine ungefettete Auflaufform legen und die Tomatenscheiben auf die Seelachsrouladen geben.
Bei 170 °C Umluft bzw. 190 °C Ober- und Unterhitze 25–35 Minuten im Backofen garen. Kurz vor dem Servieren mit Zitronenscheiben garnieren.

Zutaten:

500 g Seelachsfilets
1 Zitrone (Saft)
1 Knoblauchzehe
1 Bund frische Petersilie
1 Bund frischen Dill
1 grüne Paprika
1 kl. Zwiebel
2 kl. Tomaten
Jodsalz
Pfeffer
2 EL Tomatenmark
Zitronenscheiben (8 Stück)

Enthält pro Portion ca.: **Fett: 2 g** **Cholesterin: 60 mg** **BE: 0**

Dazu passen Tomatenreis oder Salzkartoffeln sowie Dill- oder Tomatensoße.

Seezungenpäckchen

Zutaten:

600 g Seezungenfilets
Saft 1 Zitrone
80 g Frischkäse natur
20 % Fett i. Tr.
20 g Meerrettich (Glas)
1 Msp. Jodsalz
1 Msp. Pfeffer
3 EL Mineralwasser
400 g Zucchini
4 große Alufolienstücke
1 Bund frischer Dill
6–8 Zitronenscheiben

Zubereitung:

Die Fischfilets waschen, trocken tupfen, mit Zitronensaft beträufeln und 15 Min. ziehen lassen. Frischkäse mit Meerrettich, Jodsalz, Pfeffer und Mineralwasser verrühren und damit eine Seite der Filets bestreichen. Zucchini waschen, putzen, grob raspeln und auf 4 große Alufolienstücke verteilen. Die Fischfilets mit der gewürzten Seite auf die Zucchiniraspeln legen. Die Alufolie locker um den Fisch verschließen. Bei 170 °C Umluft bzw. 190 °C Ober- u. Unterhitze 15–20 Minuten im Backofen garen. Zum Servieren die Alufolie kreuzweise einschneiden, mit frischem Dill und Zitronenspalten garnieren.

Enthält pro Portion ca.: **Fett: 4 g** **Cholesterin: 96 mg** **BE: 0**

Dazu passen Kartoffeln, Reis sowie Dill-, Senf- oder Tomatensoße.

Steinbuttfilet in Limettensoße

Zutaten:

600 g Steinbuttfilets
2 Limetten
500 ml Wasser
1 TL Estragon
1 Msp. Jodsalz
1 Msp. Pfeffer
200 g Möhren
1 TL Oliven- oder Rapsöl
100 ml Milch 1,5 % Fett
25 ml Kondensmilch 4 % Fett
1–3 g Johannisbrotkernmehl
jodiertes Kräutersalz, Pfeffer
frische Dillspitzen sowie
frischer Dill zum Garnieren

Zubereitung:

Die Steinbuttfilets waschen und in Würfel (2 x 2 cm) schneiden. Den Saft der Limetten auspressen, mit Wasser, Estragon, Jodsalz und Pfeffer verrühren. Die Möhren waschen, putzen, in sehr feine Streifen schneiden. Den Topf mit Öl einpinseln und die Möhren 3 Minuten dünsten. Mit dem vorbereiteten Limettensud ablöschen, Fischwürfeln hinzufügen und 4 Minuten mitdünsten. Milch und Kondensmilch mit einem Kochlöffel in den Fischsud einrühren und kurz aufkochen. Bis zur gewünschten Konsistenz den Sud mit Johannisbrotkernmehl binden.
Abschmecken mit jodiertem Kräutersalz, Pfeffer und frischen Dillspitzen.
Kurz vor dem Servieren mit frischem Dill garnieren.

Enthält pro Portion ca.: **Fett: 5 g** **Cholesterin: 77 mg** **BE: 0**

Servieren Sie dieses Gericht mit Reis und frischem Salat.

Würziger Tomatenrotbarsch

Zubereitung:

Die Fischfilets waschen, trockentupfen, mit Zitronensaft beträufeln und 15 Min. durchziehen lassen. Tomaten waschen, Stielansätze entfernen und in Scheiben schneiden. Zwiebeln pellen, abspülen und in Ringe schneiden. Die Knoblauchzehe pellen, durch die Presse drücken und mit den Zwiebelringen in einer mit Öl eingepinselten Pfanne glasig dünsten. Die Fischfilets mit Jodsalz und Pfeffer würzen, mit Senf bestreichen und in 3 cm breite Streifen schneiden. Die Tomatenscheiben abwechselnd fächerartig mit dem Fisch und den Knoblauchzwiebeln in eine ungefettete Auflaufform schichten, mit Pfeffer und Thymian kräftig würzen und geraspelten Edamer darüber streuen. Im Backofen bei 180 °C Umluft bzw. 200 °C Ober- u. Unterhitze 20–25 Minuten garen. Kurz vor dem Servieren mit frischem Dill garnieren.

Zutaten:

500 g Rotbarschfilets
1 Zitrone (Saft)
500 g Tomaten
4 kleine Zwiebeln
1 Knoblauchzehe
1 TL Oliven- oder Rapsöl
Jodsalz
Pfeffer
2 TL (Dijon-)Senf
Thymian
70 g Edamer 30 % Fett i.Tr.
frischer Dill

Enthält pro Portion ca.: **Fett: 5,5 g** **Cholesterin: 48 mg** **BE: 0**

Dazu passen Kartoffeln, Reis und eine Dill- oder Senfsoße.

Zitronen-Knoblauch-Lachs in Folie gegrillt

Braucht etwas Zeit zum Durchziehen!

Zutaten:

2 Knoblauchzehen
3–4 Stiele frischer Thymian
2 Stiele frisches Basilikum
1 EL Olivenöl
3 EL Zitronensaft
500 g Lachsfilets
frisch gemahlener Pfeffer
Jodsalz
4 große Stücke Alufolie
4 Zitronenscheiben

Zubereitung:

Die Knoblauchzehen pellen, in feine Scheiben schneiden und mit beiden gehackten Kräutern sowie Öl und Zitronensaft vermischen. Die Fischfilets waschen, trocken tupfen, in 4 Stücke teilen, in einer Schale mit der Knoblauch-Kräuter-Mischung bestreichen und zugedeckt 2 Stunden im Kühlschrank ziehen lassen. Danach jeweils ein mariniertes Lachsfilet auf ein Stück Alufolie legen, mit Jodsalz würzen und die Folie gut verschließen.
Die Fischpäckchen auf dem Grill (oder im Backofen bei 180 °C Heißluft bzw. 200 °C Ober- u. Unterhitze) garen. Kurz vor dem Servieren mit jeweils 1 Zitronenscheibe garnieren.

Enthält pro Portion ca.: **Fett: 18 g** **Cholesterin: 55 mg** **BE: 0**

Dazu passt ein bunter Kartoffelsalat.

Curry-Dill-Kabeljau

Zubereitung:

Die Fischfilets waschen, trocken tupfen, mit Zitronensaft beträufeln und 15 Min. ziehen lassen. Fenchel und Möhren waschen, putzen, in feine Streifen schneiden. Schalotten pellen, fein würfeln und mit Fischfond, Weißwein sowie Weinessig aufkochen.
Mit Johannisbrotkernmehl binden. Fenchel, Möhren, Senfkörner und Curry dazugeben, alles 5 Minuten garen. Zum Schluss die Kabeljaufilets in die Soße legen und bei geringer Hitze 3–5 Minuten gar ziehen lassen. Dill waschen, hacken und kurz vor dem Servieren in die Soße rühren.
Mit Gemüsebrühpulver oder Jodsalz, Pfeffer und Curry abschmecken.

Zutaten:

500 g Kabeljaufilets
1 Zitrone (Saft)
400 g Fenchel
300 g Möhren
3 Schalotten
350 ml Fischfond (Glas)
100 ml Weißwein
50 ml Weinessig
4–5 g Johannisbrotkernmehl
1 TL Senfkörner
1 TL Curry
1/2 Bund frischen Dill
Gemüsebrühpulver oder Jodsalz
Pfeffer, 1 TL Curry

Enthält pro Portion ca.: **Fett: 1,5 g** **Cholesterin: 38 mg** **BE: 0**

Dazu passt am besten eine Reis-Gemüse-Pfanne.

Gratinierter Seelachs im Zucchinibett

Zutaten:

500 g Seelachsfilets
1 Zitrone (Saft)
500 g Zucchini
1 Knoblauchzehe
Jodsalz
Pfeffer
200 g Tomaten
100 ml Milch 1,5 % Fett
100 ml Kondensmilch 4 % Fett
1 EL Weizenmehl Type 1050
1 Topf frisches Basilikum
1 Bund frisches Schnittlauch
70 g Edamer 30 % Fett i.Tr.
2 EL Paniermehl

Zubereitung:

Fischfilets waschen, trocken tupfen, mit Zitronensaft beträufeln und 15 Min. ziehen lassen. Zucchini waschen, putzen und in dünne Streifen schneiden.
Die Knoblauchzehe pellen, durch die Presse drücken und unter die Zucchinistreifen mischen. Mit Jodsalz und Pfeffer kräftig würzen und in eine ungefettete Auflaufform füllen. Tomaten waschen, Stielansätze entfernen und in dicke Scheiben schneiden. Die Fischfilets mit Jodsalz und Pfeffer würzen, auf die Zucchinimasse legen und die Tomatenscheiben darauf verteilen. Milch und Kondensmilch mit Mehl glatt rühren und in die Auflaufform gießen. Basilikum und Schnittlauch waschen, hacken, mit geraspeltem Edamer und Paniermehl vermischen und auf den Tomatenscheiben verteilen.
Im Backofen bei 180 °C Umluft bzw. 200 °C Ober- und Unterhitze 30 Minuten gratinieren.

Enthält pro Portion ca.:	**Fett: 6 g**	**Cholesterin: 44 mg**	**BE: 0**

Dazu passen Pellkartoffeln oder ein bunter Gemüsereis, sowie eine Senf- oder Tomatensoße.

Schellfisch süß-sauer

Zubereitung:

Die Fischfilets waschen, trocken tupfen, mit Zitronensaft beträufeln und 15 Min. ziehen lassen. Beide Paprikaschoten waschen, putzen, in Streifen schneiden, eine Zwiebel pellen und fein würfeln. Die Bohnenkeime waschen, abtropfen lassen. Den Schellfisch in einer beschichteten Pfanne in 1 TL Öl anbraten, aus der Pfanne nehmen, in Würfel schneiden, mit Jodsalz und Pfeffer würzen. 1 TL Öl in die Pfanne zu dem Bratensatz geben und die Zwiebeln glasig dünsten, Paprikastreifen sowie die Erbsen hinzufügen, alles 3 Minuten unter wenden anbraten. Mit Gemüsebrühe angießen, Sojasoße, Mangochutney einrühren und mit Johannisbrotkernmehl binden. Kräftig abschmecken mit Sambal Olek und Pfeffer. Fischwürfel und Keime hinzufügen, sodann 3 Minuten bei schwacher Hitze gar ziehen lassen.

Zutaten:

500 g Schellfischfilets
1 Zitrone (Saft)
1 gelbe Paprika
1 rote Paprika
1 kleine Zwiebel
150 g Mungobohnen- oder Sojabohnenkeime
Jodsalz, Pfeffer
1 TL+1 TL Oliven- oder Rapsöl
150 g Erbsen (tiefgekühlt)
350 ml Gemüsebrühe
2–3 EL Sojasoße
2 El Mangochutney oder Aprikosenkonfitüre
1–2 g Johannisbrotkernmehl
Sambal Olek

Enthält pro Portion ca.:	**Fett: 3,4 g**	**Cholesterin: 63 mg**	**BE: 0**

Dazu passt eine Naturreismischung.

Gedünsteter Fruchtfisch

Zubereitung:

Die Filets waschen, trockentupfen und grob würfeln. Die Orangen schälen, Spalten ablösen und dritteln (Saft auffangen). Die Äpfel waschen, ihr Kerngehäuse entfernen, würfeln, Zitronen auspressen. Zitronensaft mit dem Obst, Petersilie und Orangensaft vermengen. Abschmecken mit Süßstoff, Jodsalz und Pfeffer.
Die Fischwürfel in eine ungefettete Auflaufform geben und die Obstmischung darüber gießen. Im Ofen bei 180 °C Umluft bzw. 200 °C Ober- und Unterhitze 15 Minuten garen.

Zutaten:

500 g Seelachsfilets
2 Orangen
2 Äpfel
1 1/2 Zitronen (Saft)
4–5 Tropfen Süßstoff
Jodsalz
Pfeffer
1 EL gehackte Petersilie

Enthält pro Portion ca.:	**Fett: 1,5 g**	**Cholesterin: 41 mg**	**BE: 0**

Dazu passen eine Currysoße und Gemüse-Reis.

Lachsforellenfilets mit Zuckerschotensoße

Zutaten:

500 g Steckrüben
50 + 50 ml Wasser
200 g Zuckerschoten
2 Schalotten
2 TL Oliven- oder Rapsöl
100 ml Weißwein
300 ml Fischfond (Glas)
500 g Lachsforellenfilets
Alufolie
2 EL saure Sahne 10 % Fett
Jodsalz
Pfeffer
1/2 Bund frischer Dill
2 EL Weißweinessig
Zucker

Zubereitung:

Die Steckrüben waschen, schälen, putzen, in dicke Stifte schneiden und in 50 ml Wasser etwa 3 Minuten dünsten, sodann kalt abschrecken.
Die Zuckerschoten waschen, putzen, ebenfalls in 50 ml Wasser ca. 3 Minuten dünsten und fein pürieren.
Schalotten pellen, fein würfeln und in einem mit 1 TL Öl eingepinselten Topf glasig dünsten. Mit Wein und Fischfond ablöschen sowie etwa 5 Min. im offenen Topf einkochen lassen. Die Fischfilets in eine ungefettete Auflaufform legen, etwa 1/3 des Fonds über die Filets gießen, mit Alufolie abdecken und im Backofen bei 180 °C Umluft bzw. 200 °C Ober- und Unterhitze 10 Minuten garen.
Den restlichen Fond bis zur Hälfte im Topf einkochen lassen, saure Sahne unterrühren, Zuckerschotenpüree dazu geben. (= Soße) Abschmecken mit Jodsalz und Pfeffer.
Dill waschen, trocken tupfen, hacken. Die Steckrüben in einem mit 1 TL Öl eingepinselten Topf andünsten, Dill untermischen. Mit Weißweinessig und Zucker sowie Pfeffer und Jodsalz abschmecken. Den Fond aus der Auflaufform zur Soße geben, verrühren.
Fisch und Steckrüben auf einem Teller anrichten und mit der Soße nappieren.

Enthält pro Portion ca.:	**Fett: 7,6 g**	**Cholesterin: 72 mg**	**BE: 0**

Dazu passen Kartoffeln oder Reis.

Fischfrikadellen

Zutaten:

100 g Kartoffeln
500 g Fischfilet (z. B. Seelachs)
150 ml heißes Wasser
3 kleine Zwiebeln
1 EL Magerquark
Pfeffer
Paprika
Jodsalz
Zitronensaft
1–2 EL Sojasoße
1/2 Bund frischer Dill

Zubereitung:

Die Kartoffeln mit Schale kochen. Die Fischfilets in einen Topf legen, mit heißem Wasser übergießen und mit geschlossenem Deckel etwa 3–5 Minuten bei geringer Hitze gar ziehen lassen, anschließend fein zerschneiden. Zwiebeln pellen, abspülen, fein würfeln. Kartoffeln kalt abschrecken, pellen und durch die Presse drücken. Zwiebelwürfel, Kartoffelschnee und den Quark mit dem geschnittenen Fisch verkneten. Sehr kräftig abschmecken mit Pfeffer, Paprika, Jodsalz, Zitronensaft, Sojasoße und gehacktem Dill. Aus dem Teig vier Frikadellen formen und diese in einer beschichteten Pfanne ohne Fett von beiden Seiten je 5 Minuten goldgelb braten.

Enthält pro Portion ca.:	**Fett: 1,5 g**	**Cholesterin: 42 mg**	**BE: (3 g KH)**

Dazu passen Kartoffelsalat oder Pellkartoffeln und Kohlrabi, sowie eine Dill- oder Pertersiliensoße.

Hering in Joghurtsoße

Zutaten:

4 Bismarckheringe (à 125 g)
300 g Magerjoghurt
2 EL »leichte Salatcreme« (16 % Fett)
4 EL Kondensmilch 4 % Fett
1 Bund frischen Dill
1–2 EL Kräuteressig
Jodsalz
Pfeffer
2 kleine Zwiebeln
200 g Äpfel

Zubereitung:

Die Heringe waschen, trockentupfen. Joghurt, Salatcreme und Kondensmilch verrühren. Dill waschen, hacken und mit dem Essig zur Joghurtmasse geben. Abschmecken mit Jodsalz und Pfeffer.
Zwiebeln pellen, abspülen, fein würfeln.
Äpfel waschen, putzen, in Würfel schneiden.
Zwiebel- und Apfelwürfel zur Soße geben und verrühren. Die Heringfilets in die Joghurtsoße legen und alles 1 Stunde im Kühlschrank durchziehen lassen.

Enthält pro Portion ca.:	**Fett: 5,2 g**	**Cholesterin: 82 mg**	**BE: 0,5**

Dazu schmecken Pellkartoffeln und frischer Salat.

Tipp:

Schneiden Sie die Heringsfilets klein und vermengen Sie diese mit der Joghurtsoße.
So erhalten Sie einen würzigen Heringssalat.

Fleisch

Um bei der Zubereitung von Fleisch Fett einzusparen, eignen sich fettarme Zubereitungsmethoden, die für viele Fleischgerichte angewendet werden können (z. B. Braten, Rouladen, Gulasch, Filets etc.):

- Braten mit Mineralwasser,
- Garen im Bratschlauch, in der Folie, im Römertopf und
- Backen im Ofen oder
- Grillen, Dämpfen, Dünsten, Kochen.

Braten mit Mineralwasser

Eine beschichtete Pfanne ohne Gargut und ohne Fett auf dem Herd bei höchster Stufe erhitzen. Das trockengetupfte, ungewürzte Fleisch in die heiße Pfanne legen und nicht weiter bewegen. Möglichst nur den Boden belegen, nicht übereinander schichten. Die Fleischporen schließen sich, das Fleischstück brät und bräunt durch den Kontakt mit dem Pfannenboden. Ist die gewünschte Bräunung erreicht, einen Schuss (ca. 3–4 EL) Mineralwasser neben das Fleischstück auf den Pfannenboden gießen und die Pfanne schwenken, damit sich das Gargut vom Boden lösen kann. Das Mineralwasser nun vollständig verdampfen lassen und erst dann das Fleischstück wenden, so dass der gesamte Vorgang wieder beginnen kann. Durch den aufsteigenden Wasserdampf bleibt das Fleisch zart und saftig. Mit der zweiten Fleischseite genauso verfahren. Sodann das Gargut aus der Pfanne herausnehmen und das Fleisch würzen. Entweder das Fleisch jetzt servieren oder wie im Rezept angegeben weiterverfahren.

Tipps:

Der entstandene Bratensatz kann mit Leitungswasser bzw. Gemüsebrühe durch kurzes Aufkochen vom Pfannenboden gelöst werden und bietet somit eine gute Grundlage für die Soße.
Bei einer größeren Fleischmenge ist es von Vorteil, erst einen Teil wie oben beschrieben zuzubereiten und nach dem Herausnehmen des Gargutes den zweiten Teil in die bereits benutzte Pfanne, also auf den schon vorhandenen Bratensatz, geben. Je öfter der Bratensatz abgelöscht und wiederverwendet wird, desto dunkler und geschmacksintensiver wird die Soße!
Das Fleisch sollte nicht vor dem Braten gewürzt werden, da Salz dem Fleisch Wasser entzieht und das Fleisch dadurch zäh und trocken wird. Ebenso ist es mit den Gewürzen wie Paprika, Chili, Pfeffer etc., denn sie verbrennen in der Pfanne und entwickeln einen bitteren Geschmack.

Einpinseln der Kochgeschirrböden

Für das Braten mit Fett nehmen Sie 1 Teelöffel Öl pro Pfannen- oder Topfboden und pinseln ihn ein. Sie können damit bis zu 30 g Fett einsparen!

Geflügel

Alle Rezepte für 4 Personen

Putengeschnetzeltes

Zutaten:

500 g Putenbrustfilets
1 kleine Zwiebel
200 g Lauch
1 rote Paprika
1 grüne Paprika
200 g Champignons
Mineralwasser
100 ml Gemüsebrühe
1/2 TL Sojasoße
1/2 TL Worcestersauce
1 EL Schnittlauchröllchen
Gemüsebrühpulver
oder Jodsalz
Paprika, Pfeffer

Zubereitung:

Die Filets abspülen, trockentupfen und in Streifen schneiden (3 cm lang, 1 cm breit). Zwiebel pellen und grob würfeln. Lauch putzen, waschen und in Ringe schneiden. Rote und grüne Paprika waschen, putzen und würfeln. Champignons putzen und je nach Größe vierteln oder achteln.
Das Putenfleisch in einer beschichteten Pfanne ohne Fett mit Mineralwasser anbraten (s. S. 151), das Gemüse dazugeben. Gemüsebrühe angießen und alles bissfest dünsten.
Abschmecken mit Sojasoße, Worcestersauce, Schnittlauchröllchen, Gemüsebrühpulver oder Jodsalz, Paprika und Pfeffer.

Enthält pro Portion ca.: **Fett: 2 g** **Cholesterin: 75 mg** **BE: 0**

Dazu schmecken Bandnudeln oder eine Getreide-Gemüse-Pfanne (s. S. 124)!

Putenfilet in Balsamicosoße

Zubereitung:

Die Lauchzwiebeln waschen, putzen und in Ringe schneiden. Vom Broccoli Röschen ablösen, waschen und den Stielansatz anschneiden. Möhren waschen, putzen, halbieren und in Scheiben schneiden.
Tomaten waschen, Stielansatz entfernen und achteln.
Den Kochtopfboden mit Öl einpinseln, erhitzen und die Möhren ca. 2 Min. anbraten, dabei wenden.
Den Brokkoli sowie 50 ml Gemüsebrühe hinzufügen und das Gemüse ca. 5 Min. bissfest dünsten (mittlere Stufe). Lauchzwiebeln und Tomaten dazugeben.
Abschmecken mit Gemüsebrühpulver, Pfeffer, getr. Thymian, Rosmarin, Liebstöckel und Majoran.
Die Filets waschen, trocken tupfen und in einer beschichteten Pfanne ohne Fett mit Mineralwasser von beiden Seiten anbraten (s. S. 151). Die Filets herausnehmen, mit dem Gemüse in eine Auflaufform geben und mit Sesam überstreut im Ofen warmstellen.
Den Bratensatz mit der restlichen Gemüsebrühe durch Angießen lösen, kurz aufkochen lassen, Balsamicoessig und Honig einrühren, mit Kondensmilch verfeinern.
Die Soße mit Johannisbrotkernmehl binden, mit den genannten Gewürzen abschmecken und zu Filets und Gemüse reichen.

Zutaten:

500 g Putenfilets
1 Bund Lauchzwiebeln
250 g Broccoli
200 g Möhren
2 Tomaten
1 TL Oliven- oder Rapsöl
500 ml Gemüsebrühe
Gemüsebrühpulver
Pfeffer
1 Msp. getr. Thymian
1 Msp. Rosmarin
1 Msp. Liebstöckel
1 Msp. Majoran
Mineralwasser
1 EL Sesam
3–4 EL Balsamicoessig
1–2 EL flüssiger Honig
40 ml Kondensmilch 4 % Fett
3 g Johannisbrotkernmehl

Enthält pro Portion ca.: **Fett: 9 g** **Cholesterin: 76 mg** **BE: 0**

Dazu schmecken Bandnudeln oder Vollkornreis!

Tipp:

Anstelle von Putenbrust eignen sich ebenfalls Schweinefilet/-schnitzel oder Hähnchenbrustfilet.

Currygeschnetzeltes mit Banane

Zutaten:

500 g Putenfleisch
1 kleine Zwiebel
250 g Porree
350 g Möhren
Mineralwasser
200 ml Gemüsebrühe
Curry
Pfeffer
Paprika
Gemüsebrühpulver oder Jodsalz
1 mittelgroße Banane
50 g Rosinen

Zubereitung:

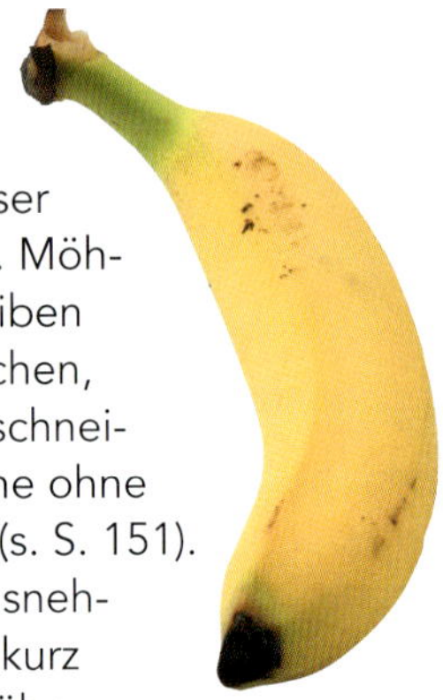

Eine Zwiebel pellen, abspülen und fein würfeln. Porree längs halbieren, unter fließendem Wasser waschen und in Ringe schneiden. Möhren waschen, putzen und in Scheiben schneiden. Das Putenfleisch waschen, trockentupfen und in Stückchen schneiden. In einer beschichteten Pfanne ohne Fett mit Mineralwasser anbraten (s. S. 151). Das Fleisch aus der Pfanne herausnehmen. Das Gemüse in der Pfanne kurz anbraten (1 Min.), mit Gemüsebrühe ablöschen, den Bratensatz dadurch vom Boden lösen und auf mittlerer Stufe ca. 8 Min. bissfest dünsten. Das Fleisch wieder in die Pfanne geben. Abschmecken mit Curry, Pfeffer, Paprika, Gemüsebrühpulver oder Jodsalz. Die Banane kurz vor dem Servieren in Stücke schneiden, zum Geschnetzelten geben und vorsichtig unterheben. Rosinen waschen und separat zum Essen reichen.

Enthält pro Portion ca.:	**Fett: 2 g**	**Cholesterin: 75 mg**	**BE: 1**

Dazu passen Vollkornreis oder Vollkornnudeln.

Hähnchen-Käse-Taschen

Zutaten:

4 Hähnchenschnitzel (à 125 g)
50 g Blattspinat (frisch oder TK)
1 kleine Zwiebel
1 Bund Schnittlauch
100 g Frischkäse natur 20 % Fett absolut
Jodsalz
Pfeffer
Paprika, edelsüß
Basilikum
Majoran
Mineralwasser
Jodsalz
Pfeffer
Alufolie
Holzspieße

Zubereitung:

Den Spinat im kochenden Wasser ca. 3 Sekunden blanchieren, kalt abschrecken. Eine Zwiebel pellen, abspülen, fein würfeln. Schnittlauch waschen, hacken, mit den Zwiebelwürfeln zum Frischkäse geben und vermengen. Kräftig abschmecken mit Jodsalz, Pfeffer, Paprika, Basilikum und Majoran.
Die Hähnchenschnitzel waschen, trockentupfen und jeweils der Längsseite entlang tief einschneiden.
Den Spinat und die Hälfte von der Frischkäsefüllung in die Hähnchentaschen füllen und mit Holzspießen feststecken. Die Hähnchentaschen in einer beschichteten Pfanne ohne Fett von beiden Seiten mit Mineralwasser anbraten (s. S. 151), in eine ungefettete Auflaufform geben, mit Jodsalz und Pfeffer würzen.
Die restliche Frischkäsefüllung auf die Hähnchentaschen streichen und die Form mit Alufolie abdecken.
Im Backofen bei 180 °C Umluft bzw. 200 °C Ober- und Unterhitze ca. 15 Minuten garen. Danach die Folie entfernen und 10 Min. weiter garen.

Enthält pro Portion ca.:	**Fett: 4 g**	**Cholesterin: 82 mg**	**BE: 0**

Dazu schmeckt eine Reis-Gemüse-Pfanne (s. S. 129).

Gefüllte Hühnchenbrustfilets

Zutaten:

4 Hühnchenbrustfilets à 125 g
1 kleine Zwiebel (30 g)
1/2 Bund Frühlingszwiebeln
1/2 Bund Schnittlauch
100 g Frischkäse, 8 % Fett absolut
Paprika, edelsüß
Pfeffer
Jodsalz
Majoran
Basilikum
Mineralwasser
250 ml Gemüsebrühe
Alufolie
Zahnstocher oder Holzspieße

Zubereitung:

Die Filets waschen und trockentupfen. Eine Zwiebel pellen, abspülen und fein würfeln. Frühlingszwiebeln und Schnittlauch waschen, putzen und in feine Ringe schneiden. Frischkäse mit dem Gemüse vermengen. Abschmecken mit Paprika, Pfeffer, Jodsalz, Majoran, Basilikum.
Je 2 Hühnchenbrustfilets mit der glatten Seite nach außen aufeinander legen und am Rand mit Zahnstochern feststecken und eine Seite offen lassen. Die Fleischtaschen mit 1–2 EL Frischkäse-Gemüse-Mischung (Rest für später) füllen und mit Zahnstocher verschließen.
Die gefüllten Filets in einer beschichteten, trockenen, heißen Pfanne von jeder Seite anbraten und vor jedem Wenden mit Mineralwasser ablöschen (s. S. 151). Die Fleischtaschen in eine ungefettete Auflaufform legen, den Bratensatz mit Gemüsebrühe ablöschen, mit den genannten Gewürzen abschmecken und damit das Fleisch angießen. Nun die restliche Frischkäsefüllung auf die Taschen streichen.
Bei 200 °C Umluft bzw. 220 °C Ober- und Unterhitze im Backofen ca. 15 Min. gratinieren.

Enthält pro Portion ca.:	**Fett: 4 g**	**Cholesterin: 82 mg**	**BE: 0**

Dazu Kartoffeln und einen gemischten Salat (s. S. 56ff) reichen.

Hühnchengeschnetzeltes in Käsesoße

Zubereitung:

Die Filets waschen, mit Küchenpapier trockentupfen und in dünne Streifen schneiden (ca. 3 cm lang, 1 cm breit). Die Zwiebeln pellen, kurz abspülen, halbieren und in feine Ringe schneiden. Gelbe und rote Paprika waschen, putzen und in sehr feine Streifen schneiden, Frühlingszwiebeln waschen, putzen und in feine Ringe schneiden.
Die Fleischstücke in die erhitzte beschichtete Pfanne geben und kräftig anbraten (s. S. 151). Das Ansetzen wird durch die Zugabe von wenig Mineralwasser verhindert. Das Gemüse hinzufügen und ca. 2 Min. mit anbraten. Mit Gemüsebrühe ablöschen und im geschlossenen Topf ca. 5 Min. dünsten (mittlere Stufe). Frischkäse unterrühren und abschmecken,
mit Pfeffer, gehackter Petersilie, Zitronensaft.
Eventuell mit Johannisbrotkernmehl binden.

Zutaten:

500 g Hühnchenbrustfilets
2 kleine Zwiebeln
2 gelbe Paprika (400 g)
2 rote Paprika (400 g)
1/2 Bund Frühlingszwiebeln
Mineralwasser
350 ml Gemüsebrühe
60 g Frischkäse, fettreduziert
Pfeffer
1 Bund gehackte Petersilie
oder gehackte Raukeblätter
1–2 TL Zitronensaft
evtl. Johannisbrotkernmehl

Enthält pro Portion ca.:	**Fett: 3 g**	**Cholesterin: 78 mg**	**BE: 0**

Dazu passen Kartoffeln, Bandnudeln oder Naturreis.

Tunesisches Putenfilet in Folie

Zutaten:

4 Putenbrustfilets (ca. 500 g)
500 g Zucchini
400 g Möhren
2 kleine Zwiebeln
2 TL getr. Rosmarin
2 Lorbeerblätter
2 Zitronen (Saft)
1 TL Paprika, edelsüß
1 TL Oliven- oder Rapsöl
1/2 TL Jodsalz
1/2 TL Pfeffer
2 Bratfolien (35 x 50 cm)

Zubereitung:

Die Filets waschen und trockentupfen. Zucchinis und Möhren waschen, putzen, der Länge nach halbieren und beides in Scheiben schneiden.
Die Zwiebeln pellen, abspülen, halbieren und in Ringe schneiden. Die Zwiebeln und das Gemüse mit Rosmarin und Lorbeerblättern vermengen und in Bratfolien füllen. Zitronensaft, Paprika, Öl, Jodsalz und Pfeffer verrühren. Die Putenfilets noch einmal trocken tupfen und mit der Zitronenmarinade bestreichen.
Jeweils zwei Filets auf das Gemüse in die Folie legen und verschließen. Im Backofen auf dem Gitterrost bei 180 °C Umluft ca. 30 Min. garen.

Enthält pro Portion ca.: **Fett: 3,5 g** **Cholesterin: 75 mg** **BE: 0**

Dazu passen Pellkartoffeln!

Hähnchenbrust in Kokosmilch

Zutaten:

500 g Hähnchenbrustfilets
500 g grüner Spargel
1 rote Paprika
150 ml Wasser
100 g Maiskölbchen (Glas)
200 ml Kokosmilch
Sambal Olek
Pfeffer
Jodsalz
1–2 TL Zitronensaft
1 EL Schnittlauchröllchen
1 EL Petersilie

Zubereitung:

Die Filets waschen, trockentupfen und in Streifen schneiden (ca. 3 cm lang, 1 cm breit) Spargel waschen, schälen und jeweils in drei Teile schneiden. Paprika waschen, putzen, in feine Streifen schneiden. Den Spargel im Wasser ca. 6 Minuten dünsten. Maiskölbchen hinzufügen. Kokosmilch im Topf ankochen, Hähnchenstreifen hineingeben und ca. 3 Minuten gar ziehen lassen. Spargel, Paprika und Maiskölbchen zum Schluss dazugeben.
Kräftig abschmecken mit Sambal Olek, Pfeffer, Jodsalz und Zitronensaft sowie je 1 EL geh. Petersilie und 1 EL Schnittlauchröllchen.

Enthält pro Portion ca.: **Fett: 2,6 g** **Cholesterin: 75 mg** **BE: 0**

Dazu passen bunte Bandnudeln oder eine Reis-Gemüse-Pfanne (s. S. 129).

Kalb

Alle Rezepte für 4 Personen

Kalbsfrikassee mit Zitronensoße

Zutaten:

400 g mageres Kalbfleisch
1 unbehandelte Zitrone (Schale und Saft)
Pfeffer
1 kleine Zwiebel
150 g Champignons
250 g Lauch
Mineralwasser
350 ml Gemüsebrühe
1 TL Oliven- oder Rapsöl
30 ml Kondensmilch 4 % Fett
3 g Johannisbrotkernmehl
Jodsalz
Pfeffer
Ingwer
Muskat
2 EL Schnittlauchröllchen

Zubereitung:

Das Kalbfleisch waschen, trockentupfen und in 2 x 2 cm große Würfel schneiden. Die Schale von der Zitrone abreiben, den Saft auspressen und das Fleisch damit beträufeln sowie mit Pfeffer würzen. Eine Zwiebel pellen und fein würfeln, die Champignons putzen und vierteln. Lauch putzen, waschen und in Ringe schneiden. Das Fleisch erneut trockentupfen und in einer beschichteten Pfanne ohne Fett mit etwas Mineralwasser von allen Seiten anbraten (s. S. 151). Das Fleisch herausnehmen, Gemüsebrühe in die Pfanne gießen, den Bratensatz mit einem Pfannenwender vom Boden lösen, die Brühe in ein anderes Gefäß geben und zur Seite stellen.
Die Pfanne abtrocknen, Öl darin erhitzen, die Zwiebeln glasig dünsten, das gesamte Gemüse dazu geben und ca. 5 Min. dünsten. Die Bratensatzbrühe und das Fleisch zum Gemüse geben. Die geriebene Zitronenschale zum Frikassee geben und auf mittlerer Stufe 3–5 Minuten köcheln lassen.
Kondensmilch hinzufügen, umrühren und das Johannisbrotkernmehl unter Rühren einstreuen und 5 Min. ausquellen lassen. Kräftig abschmecken mit Jodsalz, Pfeffer, Ingwer und Muskat. Kurz vor dem Servieren mit Schnittlauchröllchen bestreuen.

Enthält pro Portion ca.:	**Fett: 3 g**	**Cholesterin: 70 mg**	**BE: 0**

Dazu eine Gemüse-Pfanne (s. S. 129) oder Kartoffeln reichen.

Rind

Alle Rezepte für 4 Personen

Gulasch »ungarische Art«

Zutaten:

400 g Rindergulasch (aus der Oberschale)
1 rote Peperoni
400 g Gemüsezwiebeln
1–2 Knoblauchzehen
1 rote Paprikaschote
1 grüne Paprikaschote
1 TL Oliven- oder Rapsöl
100 g Tomatenmark
250 ml Gemüsebrühe
1 TL Paprikapulver, edelsüß
1/2 TL Paprikapulver, scharf
Pfeffer
Gemüsebrühpulver oder Jodsalz

Zubereitung:

Die Peperoni waschen, putzen, Kerne entfernen; in dünne Ringe schneiden. Gemüsezwiebeln pellen, abspülen und in feine Ringe schneiden. Knoblauch pellen und durch die Knoblauchpresse drücken. Roten und grünen Paprika waschen, putzen und in Würfel schneiden. Das Öl in einer großen, heißen, beschichteten Pfanne erhitzen. Die Zwiebeln und den Knoblauch glasig dünsten. Die Fleischstücke hinzufügen und scharf anbraten. Sollte das Gulasch stark am Pfannenboden kleben, mit 2–3 EL Mineralwasser ablösen (s. auch S. 151). Tomatenmark dazugeben, kurz anbräunen lassen. Mit Gemüsebrühe ablöschen und die Peperoni- und Paprikawürfel hinzugeben. Die Pfanne mit einem Deckel verschließen und das Gulasch 20–30 Minuten schmoren.
Paprikapulver einstreuen und kräftig mit Pfeffer, Gemüsebrühpulver oder Jodsalz abschmecken.

Enthält pro Portion ca.:	**Fett: 5 g**	**Cholesterin: 60 mg**	**BE: 0**

Dazu passen Vollkornnudeln oder Spätzle und ein gemischter Salat (s. S. 56ff).

Rindergeschnetzeltes mit Pink Grapefruit

Zubereitung:

Das Rindfleisch waschen, trockentupfen und in Streifen schneiden (3 x 1 cm). Die Paprikaschoten waschen, putzen und in Streifen schneiden. Zwiebeln pellen und fein würfeln, die Grapefruits schälen und filetieren. Das Fleisch in einer beschichteten Pfanne ohne Fett mit etwas Mineralwasser von allen Seiten anbraten, aus der Pfanne nehmen (s. S. 151).

Öl in die Pfanne geben und die Zwiebeln glasig dünsten, die Paprikastreifen hinzufügen und ca. 2 Min dünsten. Mit Gemüsebrühe ablöschen und das Fleisch wieder dazugeben. Alles 3–5 Minuten bei geschlossenem Deckel schmoren lassen. Unter Rühren Johannisbrotkernmehl einstreuen und ca. 5 Min. ausquellen lassen. Dickmilch mit Paprikapulver verrühren und zum Geschnetzelten geben. Abschmecken mit Gemüsebrühpulver oder Jodsalz und Pfeffer. Zum Schluss die Grapefruitfilets unterheben und mit frischem gehacktem Kerbel bestreuen.

Zutaten:

500 g Rindfleisch (aus der Oberschale)
1 rote Paprikaschote
1 grüne Paprikaschote
1 gelbe Paprikaschote
2 kleine Zwiebeln
3 Pink Grapefruits
Mineralwasser
1 TL Oliven- oder Rapsöl
150 ml Gemüsebrühe
1 g Johannisbrotkernmehl
120 g Dickmilch 1,5 % Fett
1 TL Paprikapulver, edelsüß
Gemüsebrühpulver oder Jodsalz
Pfeffer
1 EL frischen, gehackten Kerbel

Enthält pro Portion ca.: **Fett: 9,5 g** **Cholesterin: 88 mg** **BE: 0**

Rinderrouladen

Zutaten:

4 Scheiben Rinderrouladen-fleisch/Oberschale (à 125 g)
1 Bund Suppengrün
(je 100 g Möhren, Sellerie, Lauch)

Zubereitung:

Das Suppengrün waschen, putzen und in Würfel schneiden. Die Rouladen mit dem Fleischklopfer flach klopfen.

Füllung für die Rouladen

Zutaten:

1 Zwiebel
1 Knoblauchzehe
4 TL mittelscharfer Senf
4 Scheiben gek. Schinken
1/4 TL Majoran
1/4 TL Liebstöckel
Jodsalz
Pfeffer
Mineralwasser
450 ml Gemüsebrühe
1 TL Oliven- oder Rapsöl
Baumwollgarn oder Spieße

Zubereitung:

Zwiebel und Knoblauch pellen und fein würfeln.
Lauch putzen, waschen und in feine Ringe schneiden. Möhren und Sellerie waschen, putzen und in feine Streifen schneiden oder raspeln. Jede Fleischscheibe mit 1 TL Senf bestreichen und mit je einer Scheibe Schinken belegen. Zwiebeln und Knoblauch mit Majoran, Liebstöckel, Jodsalz und Pfeffer vermengen und auf den Schinkenscheiben verteilen. Die Fleischstücke zu Rouladen rollen, mit Baumwollgarn oder Spießen verschließen und in einer beschichteten Pfanne ohne Fett mit etwas Mineralwasser von allen Seiten kräftig anbraten (s. S. 151). Die Rouladen herausnehmen, den Bratensatz mit 150 ml Gemüsebrühe durch Angießen vom Pfannenboden lösen. Einen (Schmor-)Topf mit Öl einpinseln, erhitzen, das Suppengrün darin andünsten, die Rouladen dazugeben und mit dem Bratenfond aus der Pfanne angießen. Bei geschlossenem Deckel 40–50 Minuten schmoren sowie nach und nach die restliche Gemüsebrühe hinzufügen.
Abschmecken mit o. g. Gewürzen.

Enthält pro Portion ca.: **Fett: 8,6 g** **Cholesterin: 88 mg** **BE: 0**

Dazu schmecken Salzkartoffeln und Rotkohl oder Kaisergemüse!

Tipp:

1. Füllungsvariation:
4 Scheiben (à 25 g) Edamer 30 % Fett i.Tr., 100 g Möhren, 60 g Lauch, 120 g Tomaten

Enthält pro Portion ca.:	**Fett: 8,6 g**	**Cholesterin: 88 mg**	**BE: 0**

2. Füllungsvariation:
4 Scheiben (à 25 g) gekochten Schinken, 160 g Sauerkraut, 60 g Ananas ,1 kleine Zwiebel
Vom Schinken den Fettrand abschneiden.

Enthält pro Portion ca.:	**Fett: 8,6 g**	**Cholesterin: 88 mg**	**BE: 0**

Chili con carne

Zutaten:

500 g Tomaten
1 rote Peperoni
2 kleine Zwiebeln
1 TL Oliven- oder Rapsöl
350 g Rinderhackfleisch
250 g Kidneybohnen (Dose)
300 ml Gemüsebrühe
Chilipulver
Sambal Olek
Jodsalz
Pfeffer
Paprika
1 EL Schnittlauchröllchen
1 EL gehackte Petersilie

Zubereitung:

Die Stielansätze der Tomaten entfernen, in kochendem Wasser blanchieren, Haut abziehen, würfeln. Peperoni waschen, putzen und in kleine Würfel schneiden. Die Zwiebeln pellen, abspülen, würfeln und zusammen mit den Peperoniwürfeln in einem mit Öl eingepinselten Topf glasig dünsten. Rinderhackfleisch dazugeben und mit anbraten. Tomatenwürfel und Kidneybohnen sowie Gemüsebrühe hinzufügen. Alles zusammen kurz aufkochen lassen. Kräftig abschmecken mit Chilipulver, Sambal Olek, Jodsalz, Pfeffer und Paprika, sowie je 1 EL gehackte Petersilie und Schnittlauchröllchen.

Enthält pro Portion ca.: **Fett: 15 g** **Cholesterin: 62 mg** **BE: 0**

Dazu passen Vollkornbaguette oder eine Reispfanne (s. S. 124).

Frikadellen

Zutaten:

400 g Rinderhackfleisch
1 TL Jodsalz
1 TL Pfeffer
1 TL Paprika
2 TL mittelscharfer Senf
2 kleine Zwiebeln
60 g Magerquark
35 g Vollkornsemmelbrösel oder Haferflocken

Zubereitung:

Das Hackfleisch kräftig mit Jodsalz, Pfeffer, Paprika und Senf würzen. Zwiebeln pellen, fein würfeln, zu der Hackmasse geben und vermengen. Quark und Semmelbrösel (Haferflocken) als Bindung hinzufügen und alles mit den Knethaken des Handrührgerätes zu einem Teig verarbeiten. Die Masse nochmals mit den genannten Gewürzen abschmecken und daraus vier Frikadellen formen. Diese in einer beschichteten Pfanne ohne Fett von beiden Seiten anbraten und bei mittlerer Hitze ca. 5 Min. garen.

Enthält pro Portion ca.: **Fett: 17 g** **Cholesterin: 70 mg** **BE: 0,5**

Dazu passen Kartoffeln und Kohlrabigemüse oder ein Kartoffelsalat (s. S. 65)!

Tipp:

1. Abwandlung:
Zusätzlich können pro Rezept z. B. 50 g Paprikawürfel oder 50 g Champignonwürfel oder 50 g Zucchiniraspel oder 2 EL frische gehackte Kräuter unter den Teig geknetet werden.

Enthält pro Portion ca.:	**Fett: 17 g**	**Cholesterin: 70 mg**	**BE: 0,5**

2. Abwandlung:
Die Hackfleischmasse kann zum Füllen von Gemüse, z. B. Paprika, Tomaten oder Kohlblättern verwendet werden.

3. Abwandlung:
Der Teig als Ganzes kann in der Bratfolie oder im Bratschlauch bei 180 °C Umluft 45–50 Minuten im Backofen als Hackbraten zubereitet werden.

Enthält pro Portion ca.:	**Fett: 17 g**	**Cholesterin: 70 mg**	**BE: 1**

Schwein

Alle Rezepte für 4 Personen

Bami Goreng

Zutaten:

400 g Schweinefilets
120 g eifreie Bandnudeln
200 g Möhren
200 g Chinakohl
100 g Porree
3 kleine Zwiebeln
2 Knoblauchzehen
1 TL Oliven- oder Rapsöl
Gemüsebrühpulver oder Jodsalz
Pfeffer
Curry
3 EL Sojasoße
1 EL Schnittlauchröllchen

Zubereitung:

Die Bandnudeln in kochendes Salzwasser geben und im offenen Topf 7–8 Min. al dente kochen. In einem Haarsieb gut abtropfen lassen. Filets waschen, trockentupfen und in Streifen (1 x 3 cm) schneiden. Möhren, Kohl und Porree waschen, putzen und in feine Streifen schneiden. Zwiebeln pellen, abspülen und würfeln. Die Knoblauchzehen pellen, pressen und mit den Zwiebeln in einer mit Öl eingepinselten Pfanne glasig dünsten. Das Fleisch dazugeben und anbraten. Das Gemüse hinzufügen und ca. 3 Minuten dünsten. Zum Schluss die gekochten Nudeln hinzufügen. Alles kräftig abschmecken mit Gemüsebrühpulver oder Jodsalz, Pfeffer, Curry sowie 3 EL Sojasoße und Schnittlauchröllchen.

Enthält pro Portion ca.: **Fett: 3,5 g** **Cholesterin: 70 mg** **BE: 2**

Schweinefilet im Teigmantel

Zubereitung:

Quark-Öl-Teig:
Backpulver mit Mehl vermischen. Quark, Milch, Öl sowie 1 Prise Jodsalz hinzufügen und mit den Knethaken des Handrührgerätes oder den Händen zu einem glatten, geschmeidigen Teig verkneten.

Füllung:
Die Wirsingblätter in kochendem Wasser blanchieren und auf Küchenkrepp abtropfen lassen. Die Filets waschen, trockentupfen und in einer beschichteten Pfanne ohne Fett mit etwas Mineralwasser braten (s. S. 151), aus der Pfanne nehmen und mit Jodsalz, Pfeffer und Paprika würzen.
Den Teig in vier gleich große Stücke aufteilen und auf einer bemehlten Fläche oval (ca. 25 cm lang) ausrollen. Die Teigstücke mit jeweils 2 Wirsingblättern und einem Filetstück belegen. Die Längsseiten des Teiges etwas nach innen klappen, von der schmalen Seite her aufrollen und auf ein mit Backpapier ausgelegtes Backblech geben, mit Kondensmilch bestreichen.
Bei 180 °C Umluft bzw. 200 °C Ober- und Unterhitze im Backofen ca. 30 Minuten garen.

Zutaten:

Quark-Öl-Teig:
2 TL Backpulver
200 g Weizenmehl Type 1050
100 g Magerquark
6 EL Milch 1,5 % Fett
2 EL Rapsöl

Füllung:
Jodsalz
500 g Schweinefilets
8 Wirsingblätter
Mineralwasser
Pfeffer
Paprikapulver
3 EL Kondensmilch 4 % Fett

Enthält pro Portion ca.: **Fett: 10 g** **Cholesterin: 90 mg** **BE: 3**

Reichen Sie dazu eine Zwiebel-, Champignon- oder Käsesoße (s. S. 80 ff) und Kartoffeln sowie einen gemischten Salat (s. S. 56 ff).

Schweinefilets mit Radicchio

Zutaten:

500 g Schweinefilets
250 g rote Zwiebeln
1 Knoblauchzehe
2 Köpfe Radicchio (à 250 g)
Mineralwasser
Jodsalz
Pfeffer
300 ml Gemüsebrühe
1 TL Oliven- oder Rapsöl
1 TL eingelegte grüne Pfefferkörner
50 ml Milch 1,5 % Fett
50 ml Kondensmilch 4 % Fett
3–4 EL Worcestersauce
Paprikapulver
2 EL frische Petersilie

Zubereitung:

Die Zwiebeln pellen, halbieren und in Scheiben schneiden. Eine Knoblauchzehe pellen und durch die Knoblauchpresse drücken. Radicchio putzen, achteln, den Strunk entfernen und die Blätter waschen. Filets waschen, trockentupfen und in einer beschichteten Pfanne ohne Fett, nur mit etwas Mineralwasser von allen Seiten anbraten (s. S. 151). Aus der Pfanne nehmen, mit Jodsalz und Pfeffer würzen und im Backofen bei 100 °C warm stellen. Mit Gemüsebrühe den Bratensatz in der Pfanne lösen und zur Seite stellen. Die Pfanne trockenwischen und das Öl darin erhitzen. Die Zwiebeln und den Knoblauch glasig dünsten. Pfefferkörner hacken und hinzufügen. Das Fleisch zurück in die Pfanne legen, mit dem zur Seite gestellten Bratenfond angießen, 1/3 des Bratensaftes einköcheln lassen. (= bei mittlerer Hitze in der offenen Pfanne garen).
Das Fleisch gelegentlich mit Fond aus der Pfanne übergießen, herausnehmen, in Scheiben schneiden und warm stellen. Milch und Kondensmilch zur Soße geben und kräftig abschmecken mit Worcestersauce, Jodsalz, Pfeffer und Paprikapulver. Den Radicchio in die Soße geben und zugedeckt ca. 3 Minuten bei kleiner Hitze garen.
Das Fleisch mit dem Radicchiogemüse anrichten und kurz vor dem Servieren mit frischer gehackter Petersilie bestreuen.

Enthält pro Portion ca.:	**Fett: 7,8 g**	**Cholesterin: 90 mg**	**BE: 0**

Dazu passen Kartoffeln und ein gemischter Salat (s. S. 56ff).

Bohnen-Kasseler-Gulasch

Zubereitung:

Das Fleisch waschen, trockentupfen und in 2 x 2 cm große Würfel schneiden. Zwiebeln pellen und achteln. Kartoffeln waschen, schälen und in kleine Würfel schneiden. Einen (Schmor-)Topf mit Öl einpinseln, Kasseler darin anbraten, herausnehmen, Zwiebeln und Kartoffeln hineingeben, dünsten und mit Gemüsebrühe ablöschen. Grüne Bohnen dazugeben, aufkochen lassen, das Kasseler hinzufügen und alles ca. 10 Minuten zugedeckt bei mittlerer Hitze schmoren. Petersilie waschen, trockentupfen und hacken. Sprossen waschen und gut abtropfen lassen. Die Stielansätze der Tomaten entfernen, in kochendem Wasser blanchieren, Haut abziehen, würfeln und zum Gulasch geben. Mit Jodsalz, Pfeffer und Paprika abschmecken. Kurz vor dem Servieren die Petersilie sowie die Sprossen darüber streuen.

Zutaten:

400 g mageres, ausgelöstes Kasseler Fleisch
4 kleine Zwiebeln
1 kg Kartoffeln
1 TL Oliven- oder Rapsöl
750 ml Gemüsebrühe
300 g grüne Bohnen (TK)
1/2 Bund frische Petersilie
25 g Sprossen (Linsen)
500 g Tomaten
Jodsalz
Pfeffer
Paprika

Enthält pro Portion ca.: **Fett: 19 g** **Cholesterin: 70 mg** **BE: 3**

Koteletts mit buntem Paprikagemüse

Zutaten:

500 g ausgelöste Kotelettstücke vom Rücken
6 Paprikaschoten (rot, gelb und grün)
2 Zucchini
2 kleine Zwiebeln
2 Knoblauchzehen
Mineralwasser
1 TL Oliven- oder Rapsöl
2 EL Tomatenmark
250 ml Gemüsebrühe
2 TL Kräuter der Provence
Jodsalz
Pfeffer
frischer Thymian

Zubereitung:

Paprika und Zucchini waschen, putzen, in große Stücke (3 x 3 cm) bzw. in Scheiben schneiden. Zwiebeln und Knoblauch pellen. Die Zwiebeln in Achtel und den Knoblauch in dünne Scheiben schneiden. Das Fleisch waschen, trockentupfen und in einer beschichteten Pfanne ohne Fett mit etwas Mineralwasser anbraten (s. S. 151). Das Fleisch aus der Pfanne herausnehmen und im Backofen bei 100 °C warm stellen. Öl in die benutzte Pfanne geben, Zwiebeln und Knoblauch glasig dünsten. Tomatenmark dazugeben und mit Gemüsebrühe ablöschen. Paprika und Zucchini hinzufügen. Kräftig mit Kräutern der Provence, Jodsalz, Pfeffer abschmecken. Einmal aufkochen lassen, so dass sich der Bratensatz vom Pfannenboden löst. Die Koteletts auf dem Gemüse anrichten und mit frischem Thymian garniert servieren.

Enthält pro Portion ca.:	**Fett: 12 g**	**Cholesterin: 88 mg**	**BE: 0**

Dazu passen Kartoffeln und ein gemischter Salat (s. S. 56 ff).

Desserts

Alle Rezepte für 4 Personen

Rote Grütze mit Vanillesoße

Zubereitung:

Ein Drittel der Früchte zur Seite stellen. 2/3 der Früchte zusammen mit Wasser/Fruchtsaft aufkochen. Herdplatte ausstellen. Johannisbrotkernmehl mit einem Rührlöffel unter ständigem Rühren einstreuen. Für die Garnitur von den zur Seite gestellten Früchten einige herausnehmen, den Rest unter die Grütze rühren, ca. 5 Min. durchziehen lassen. Abschmecken mit Zucker/Süßstoff. Die Grütze in vier Dessertschalen verteilen und kalt stellen.
Joghurt und Kondensmilch cremig rühren (Rührbesen, Handrührgerät). Abschmecken mit Zucker/Süßstoff, Mark der Vanilleschote und Zitronensaft. Die Vanillesoße auf die Grütze geben, mit Früchten sowie Zitronenmelisse oder Pfefferminze garnieren. Kalt stellen.

Zutaten:

500 g rote Beerenfrüchte
100 ml Wasser oder Fruchtsaft
4 g Johannisbrotkernmehl
(s. S. 28)
50 g Zucker
oder 1–2 TL Süßstoff
300 g Magermilchjoghurt
3 EL Kondensmilch 4 % Fett
30 g Zucker
oder 1/2–1 TL Süßstoff
1/2 Vanilleschote (Mark)
1–2 TL Zitronensaft
Zitronenmelisse
oder Pfefferminze

Enthält pro Portion ca.: **Fett: 1 g** **Cholesterin: 2 mg** **BE: 1** (ohne Zucker, mit Wasser)

Tipp:

Sie können frische oder tiefgefrorene Früchte verwenden. Statt Beerenobst sind auch Kirschen, Äpfel oder Birnen möglich. Würzen Sie die Grütze mit 1/2 TL gemahlenem Zimt. Für die Dessertsoße verwenden Sie statt Vanillemark etwas Zimt oder nur Zitronen- bzw. Orangensaft.

Birne Helenes Art

Zutaten:

2 Birnen (je 150 g)
1/4 Vanilleschote
15 g Schokoladen-puddingpulver
300 ml Milch 1,5 % Fett
30 g Zucker
oder 1/2 TL Süßstoff
10 g Sonnenblumenkerne
Zitronenmelisse

Zubereitung:

Die Birnen waschen, schälen, halbieren und entkernen. Die Vanilleschote längs einschneiden und das Mark herausnehmen. In einen Kochtopf Wasser einfüllen (max. 2 Fingerbreit), Vanillemark/-schote, halbe Früchte hineingeben und 10 Min. dünsten. Inzwischen das Puddingpulver in 50 ml Milch glatt rühren.
Die restliche Milch aufkochen, das mit Milch vermengte Puddingpulver unter Rühren eingießen, 1 Min. unter rühren aufkochen. Abschmecken mit Zucker oder Süßstoff. Je eine 1/2 Birne in eine Dessertschale geben, mit der Schokoladensoße übergießen und kalt stellen.
Die Sonnenblumenkerne in einer beschichteten Pfanne ohne Fett rösten und vor dem Servieren über das Dessert streuen sowie mit Zitronenmelisse garnieren.

Enthält pro Portion ca.: **Fett: 2,5 g** **Cholesterin: 4 mg** **BE: 1** (ohne Zucker)

Buttermilchspeise mit Obst

Zubereitung:

Die Gelatine mit kaltem Wasser bedeckt 5 Min. einweichen. Inzwischen Buttermilch mit Orangensaft und Zitronensaft verrühren. Die Äpfel waschen, vierteln, entkernen, grob raspeln und in die Buttermilch einrühren. Abschmecken mit Zucker/Süßstoff und Zimt.
Die Gelatine gut ausdrücken und in eine Chromarganschüssel geben. Diese in einen Topf mit heißem (nicht kochendem) Wasser setzen und unter Rühren die Gelatine auflösen.
1/3 der Buttermilch in die flüssige Gelatine einrühren. Gelatine-Buttermilch mit der restlichen Buttermilch verrühren, in vier Dessertschalen füllen und ca. 1 Stunde kalt stellen. Sobald die Buttermilch fest geworden ist, das Dessert mit Pfefferminze oder Zitronenmelisse garnieren.

Zutaten:

6 Blatt Gelatine
300 ml Buttermilch
100 ml Orangensaft
2 EL Zitronensaft
300 g Äpfel
40 g Zucker
oder 1 TL Süßstoff
1 Msp.–1/2 TL gemahlenen Zimt
Pfefferminze
oder Zitronenmelisse

Enthält pro Portion ca.: **Fett: 1 g** **Cholesterin: 3 mg** **BE: 1** (ohne Zucker)

Tipp:

Statt Blattgelatine verwenden Sie Pulvergelatine. Pro 100 ml Flüssigkeit benötigen Sie grundsätzlich 2 g Gelatine (1 Blatt). Anstelle von Buttermilch kann auch Joghurt, Kefir oder Dickmilch verwendet werden. Tauschen Sie die Obstsorten untereinander aus.
Statt Milchprodukte eignen sich auch Fruchtsäfte. So können Sie Gelee- oder Götterspeisen herstellen. Zum Stürzen der Speise runde Dessertschalen verwenden und diese vor dem Einfüllen des Desserts mit kaltem Wasser ausspülen.

Himbeer-Joghurt-Speise

Zutaten:

5 Blatt Gelatine
200 g Himbeeren
300 g Magermilchjoghurt
150 g Magerquark
100 ml Mineralwasser
40 g Zucker
oder 1 TL Süßstoff
1–2 EL Zitronensaft
evtl. Vanille
Zitronenmelisse
oder Pfefferminze

Zubereitung:

Die Gelatine mit kaltem Wasser bedeckt 10 Min. einweichen. Inzwischen die Himbeeren waschen, verlesen und jeweils 5–6 Himbeeren in vier Dessertschalen geben, zum Garnieren ca. 4 Stück entnehmen. Die restlichen Himbeeren zusammen mit Joghurt, Quark und Mineralwasser schaumig rühren. Abschmecken mit Zucker/Süßstoff, Zitronensaft und evtl. Vanille. Nun die Gelatine gut ausdrücken, in eine Chromarganschüssel geben, diese in heißes Wasser stellen und rühren, bis die Gelatine aufgelöst ist, sodann etwas Joghurtmasse unterrühren. Gelatine und restliche Joghurtmasse verrühren, in die mit Himbeeren ausgelegten Dessertschalen füllen und kalt stellen.
Mit Himbeeren und Zitronenmelisse oder Pfefferminze garnieren.

Enthält pro Portion ca.:	**Fett: 0,4 g**	**Cholesterin: 0 mg**	**BE: 0,5**

Probiern Sie es auch mit anderen Obstsorten!

Vanille-Äpfel mit Calvados

Zubereitung:

Die Äpfel waschen, vierteln, das Kerngehäuse entfernen und in Würfel schneiden (ca. 0,5 x 0,5 cm). Apfelsaft, Calvados und 1 EL Zucker oder 1/2 TL Süßstoff in einen Kochtopf füllen, erhitzen und Johannisbrotkernmehl einstreuen, dabei umrühren und kurz aufkochen lassen. Die Apfelstücke in 4 höhere Dessertschalen geben und 1 Stunde kalt stellen. Inzwischen das Puddingpulver mit 50 ml Milch glatt rühren. Die restliche Milch in einem Topf aufkochen, vom Herd nehmen, das glatt gerührte Puddingpulver einrühren und nochmals unter Rühren aufkochen lassen. Abschmecken mit 1-2 EL Zucker oder etwa 1 TL Süßstoff.
Den Vanillepudding auf die Apfelstücke geben und 30 Min. kalt stellen. Kurz vor dem Servieren mit insgesamt 1 TL echtem Vanille-Zucker bestreuen und mit Zitronenmelisse garnieren.

Zutaten:

300 g Äpfel
150 ml Apfelsaft
2 EL Calvados
1+2 EL Zucker
oder 1–2 TL Süßstoff
3 g Johannisbrotkernmehl (s. S. 28)
15 g Vanillepuddingpulver
300 ml Milch 1,5 % Fett
Zitronenmelisse
1 TL Vanillezucker

Enthält pro Portion ca.: **Fett: 1,5 g** **Cholesterin: 4 mg** **BE: 1,5** (ohne Zucker)

Abwandlung:

Die Äpfel können Sie gegen Schattenmorellen und Apfelsaft gegen Kirschsaft austauschen. Fügen Sie statt Calvados die entsprechende Menge trockenen Rotwein hinzu. Anstelle von Vanillepudding verwenden Sie Schokoladenpudding und verfeinern mit 1–2 TL Kirschwasser.

Fruchtige Quarkcreme

Zutaten:

200 g Früchte
400 g Magerquark
100 ml Mineralwasser
1 EL Zitronensaft
2 EL Zucker
oder 1/2 TL Süßstoff
Vanille oder Zimt
evtl. Zitronensaft

Zubereitung:

Den Quark mit Mineralwasser und Zitronensaft sowie Zucker/Süßstoff cremig rühren. Früchte unterrühren. Abschmecken mit Vanille oder Zimt und evtl. Zitronensaft.

Enthält pro Portion ca.: **Fett: 0,4 g** **Cholesterin: 1 mg** **BE: 0,5** (ohne Zucker)

Abwandlung:

Durch die Verwendung verschiedener Obstsorten hat jede Quarkcreme einen anderen Geschmack. Leckere Kombinationen sind z. B. gemischte Beerenfrüchte, Banane mit Pfirsich bzw. Sanddorn, Pfirsich mit Ananas, Kirsche mit Zimt, Apfel mit Zimt bzw. Vanille. Verwenden Sie sehr reife Bananen zum Süßen der Quarkcreme. Sie sparen dadurch Zucker und reichern Ihr Dessert mit Vitaminen und Mineralstoffen sowie natürlichem Geschmack an.

Gefüllte Orangen

Zubereitung:

Die Orangen waschen, halbieren, das Fruchtfleisch mit einem Messer herauslösen und klein schneiden. Den Saft auffangen und mit Zitronensaft, 1 TL Zucker/5–8 Tropfen Süßstoff verrühren. Den Pfirsich waschen, halbieren, den Stein herauslösen und in feine Streifen schneiden. Die Banane pellen und in feine halbe Scheiben schneiden, die Ananas würfeln. Die Obststücke mit dem Saft vermengen, abschmecken und in die Orangenhälften füllen.
Quark mit Mineralwasser und Vanillemark cremig rühren. Abschmecken mit 2 TL Zucker/3–4 Tropfen Süßstoff. Die Quarkcreme in einen Spritzbeutel füllen und den Obstsalat damit garnieren.
Sonnenblumenkerne in einer beschichteten Pfanne ohne Fett goldbraun rösten. Quarkcreme mit den Sonnenblumenkernen bestreuen und mit Zitronenmelisse garnieren.

Zutaten:

2 Orangen
1 EL Zitronensaft
3 TL Zucker
oder 8–12 Tropfen Süßstoff
125 g Pfirsich (1 Stück)
150 g Banane (1 Stück)
100 g Ananas
(frisch oder Konserve)
150 g Magerquark
2–3 EL Mineralwasser
1/4 Vanilleschote (Mark)
10 g Sonnenblumenkerne
Zitronenmelisse

Enthält pro Portion ca.: **Fett: 1,5 g** **Cholesterin: 0 mg** **BE: 1,5** (ohne Zucker)

Abwandlung:

Verwenden Sie verschiedene Obstsorten (siehe Obstsalat Seite 178). Anstelle von Sonnenblumenkernen können Sie auch einen Teelöffel Kakaogetränkepulver verwenden. Statt Magerquark passt Joghurt, Kefir oder Dickmilch (max. 1,5 % Fett).

Obstsalat

Zutaten:

1 mittelgroßer Apfel (150 g)
1 mittelgroße Birne (150 g)
1 Orange (200 g)
1 Banane (150 g)
1 EL Zitronensaft
1 EL gehackte Walnüsse

Zubereitung:

Den Apfel und die Birne waschen, vierteln, das Kerngehäuse entfernen und würfeln. Eine Orange waschen, abschälen, die Filets ablösen und dritteln. Die Banane pellen, in halbe Scheiben schneiden oder würfeln. Alle Früchte in eine Rührschüssel geben, Zitronensaft hinzufügen und mit einem Kochlöffel vermengen. In 4 Dessertschalen füllen und mit gehackten Walnüssen bestreuen.

Enthält pro Portion ca.:	**Fett: 3 g**	**Cholesterin: 0 mg**	**BE: 1,5**

Tipp:

Mischen Sie die vielfältigen Obstsorten untereinander, wie z. B.:

- Honigmelone, Erdbeeren, Kirschen, Banane oder
- Wassermelone, Orange, Kiwi, Mango oder
- Stachelbeeren, Kiwi, Apfel, Birne oder
- Ananas, Banane, Kiwi, Pfirsich, Nektarine oder
- Melone, Birne, Aprikose, Weintrauben.

Fettärmere Alternativen zu Nüssen sind geröstete Sonnenblumenkerne, Sesamsamen oder Kürbiskerne. Sehr fettarm sind Weizenflocken oder Haferkleieflakes.
Anstelle von Schlagsahne können Sie auch Magerquark verwenden. Der Quark wird mit etwas Mineralwasser cremig gerührt und mit Vanille oder Zimt abgeschmeckt.
Im Supermarkt erhalten Sie Schlagcremepulver.
Das Pulver wird mit fettarmer Milch aufgeschlagen und ist die fettarme Alternative zu Schlagsahne, da Konsistenz und Geschmack vergleichbar sind.

Fruchtige Hirsecreme

Zubereitung:

Die Hirse erst heiß, dann kalt in einem Haarsieb unter fließendem Wasser abspülen und gut abtropfen lassen. Zusammen mit Milch und Kondensmilch kurz aufkochen und unter gelegentlichem Rühren ca. 20 Min. ausquellen lassen (Herd Stufe 1). Honig unterrühren. Eine Orange waschen, schälen und die Filets ablösen. 4 Filets als Garnitur zur Seite legen, die restlichen Filets klein schneiden und unter die Hirse mengen. Hirsecreme in 4 Dessertschalen füllen und kalt stellen. Kurz vor dem Servieren mit je 1 Orangenfilet und Pfefferminzblättern bzw. Zitronenmelisse garnieren.

Zutaten:

150 g Hirse
250 ml Milch 1,5 % Fett
50 ml Kondensmilch 4 % Fett
1 EL Honig (15 g)
1 Orange (200 g)
Pfefferminzblätter
oder Zitronenmelisse

Enthält pro Portion ca.: **Fett: 3 g** **Cholesterin: 5 mg** **BE: 3**

Abwandlung:

Verwenden Sie statt Orangen andere Obstsorten (z. B. Beerenfrüchte, Bananen, Kirschen, Aprikosen oder Pfirsiche). Den Honig können Sie mit 1/2–1 TL Süßstoff austauschen. Anstelle der Hirse kann auch Milchreis verwendet werden.

Gebäck, Kuchen & Kekse

Knusper-Früchte-Riegel (ca. 14 Stück)
(nicht für Diabetiker geeignet)

Zubereitung:

Die Margarine mit Honig und Zucker in einem Kochtopf erhitzen. Kondensmilch und Zitronensaft hinzufügen. Die Masse unter Rühren bräunen lassen. Das Früchtemüsli unterheben. Die Masse auf ein mit Backpapier ausgelegtes Backblech (20 x 30 cm) geben und mit einem Nudelholz flach drücken. Im Backofen bei 160 °C Heißluft bzw. 170 °C Ober- und Unterhitze 15–20 Min. backen. Noch warm in längliche Riegel schneiden und abkühlen lassen.
In einer gut verschließbaren Dose aufbewahren.

Zutaten:

60 g Diätmargarine
1 EL Honig (15 g)
100 g Zucker
2 EL Kondensmilch 4 % Fett
2 EL Zitronensaft
350 g Früchtemüsli
Backpapier

Enthält pro Riegel:	**Fett: 6 g**	**Cholesterin: 1 mg**	**BE: 2**

Sesamkekse (ca. 50 Stück)
(nicht für Diabetiker geeignet)

Zutaten:

125 g Diätmargarine
1 Packung Vanillezucker
200 g Honig
1 Ei (Klasse M) oder 12 g Ei-Ersatzpulver mit 40 ml Wasser
250 g Weizenvollkornmehl
100 g Sesamkörner
75 g Rosinen
2 EL Kondensmilch 4 % Fett
Backpapier

Zubereitung:

Die Margarine mit Vanillezucker und Honig in einer Schüssel schaumig rühren. Ei-Ersatzpulver mit Wasser vermengen und 5 Min. ausquellen lassen (oder ein Ei) unter die Masse rühren. Vollkornmehl, Sesamkörner, Rosinen und Kondensmilch hinzufügen und alles gut verrühren. Mit 2 Teelöffeln walnussgroße Teighäufchen auf ein mit Backpapier ausgelegtes Backblech setzen. Bei 180 °C Heißluft bzw. 200 °C Ober- und Unterhitze 10–15 Min. backen.

Enthält pro Stück:

Mit Hühnerei:	**Fett: 3,2 g**	**Cholesterin: 6 mg**	**BE: 3/4**
Mit Ei-Ersatz:	**Fett: 3,2 g**	**Cholesterin: 0 mg**	**BE: 3/4**

Schoko-Rockies (ca. 50 Stück)

Zutaten:

125 g Diätmargarine
90 g Zucker
1 Ei (Klasse M) oder 12 g Ei-Ersatzpulver mit 40 ml Wasser
175 g Weizenvollkornmehl
1 gehäufter
TL Backpulver (5 g)
80 g Vollkorncornflakes
50 g geriebene Bitterschokolade
50 g Rosinen
Backpapier

Zubereitung:

Die Margarine schaumig rühren. Dabei Zucker und ein Ei (oder Ei-Ersatzpulver mit Wasser vermengen und 5 Min. ausquellen lassen) unterrühren. Mehl und Backpulver vermengen und unter die Masse rühren. Vollkorncornflakes, geriebene Bitterschokolade und Rosinen mit einem Kochlöffel unter die Masse rühren. Mit 2 Teelöffeln walnussgroße Teighäufchen auf ein mit Backpapier ausgelegtes Backblech setzen und bei ca. 180 °C Heißluft bzw. 190 °C Ober- und Unterhitze ca. 10–15 Min. backen.

Enthält pro Stück:

Mit Hühnerei:	**Fett: 2,5 g**	**Cholesterin: 6 mg**	**BE: 1/2**	**(viel Zucker)**
Mit Ei-Ersatz:	**Fett: 2,5 g**	**Cholesterin: 0 mg**	**BE: 1/2**	

Sesam-Hafer-Plätzchen (ca. 40 Stück)

Zubereitung:

Die Haferflocken mit Weizenmehl, Nüssen, Sesamkörnern und Backpulver vermengen. Zucker, Diätmargarine und Quark hinzufügen. Alle Zutaten zuerst mit den Knethaken des Handrührgerätes, dann zügig mit den Händen, zu einem glatten Teig verkneten. Zwei Rollen formen (ca. 4 cm Durchmesser) und 30 Min. kalt stellen. 4 mm dünne Scheiben abschneiden und auf ein mit Backpapier ausgelegtes Backblech setzen, dünn mit Kondensmilch bestreichen. Bei 180 °C Heißluft bzw. 190 °C Ober- und Unterhitze 10–15 Min. backen.

Zutaten:

150 g blütenzarte Haferflocken
100 g Weizenmehl Type 1050
50 g gemahlene Nüsse
50 g Sesamkörner
1 gestrichener TL Backpulver (3 g)
100 g Zucker
80 g Diätmargarine
120 g Magerquark
Backpapier
Kondensmilch 4 % Fett

Enthält pro Stück:	**Fett: 3,5 g**	**Cholesterin: 0,2 mg**	**BE: 1/2 (viel Zucker)**

Grundrezept für fettreduzierten Mürbeteig I

Ca. 40 Kekse oder als Tortenboden für eine Springform 24–28 cm

Zutaten:

250 g Weizenmehl Type 1050
65 g Zucker
1 TL geriebene Zitronenschale
30 und 60 ml Kondensmilch
4 % Fett
125 g Diätmargarine
Backpapier

Zubereitung:

Weizenmehl auf die Arbeitsfläche geben und eine tiefe Mulde in den Haufen drücken. Zucker, geriebene Zitronenschale sowie 60 ml Kondensmilch in die Mulde geben. Diätmargarine in Flocken auf dem Mehl verteilen. Mit einer Gabel Zucker und Kondensmilch verrühren und allmählich Mehl mit einrühren bis eine dicke Masse in der Mitte des Haufens entstanden ist. Alle Zutaten zügig mit den Händen zu einem glatten Teig verkneten und 30 Min. kalt stellen. Den Teig mit einem Nudelholz ca. 5 mm dünn ausrollen, Plätzchen ausstechen, auf ein mit Backpapier ausgelegtes Backblech setzen oder eine Springform mit Teig auskleiden. Die Plätzchen vor dem Backen dünn mit der restlichen Kondensmilch bestreichen. Bei 180 °C Heißluft bzw. 190 °C Ober- und Unterhitze backen.

Abwandlung (s. S. 186 ff):

Sie können, je nach gewünschter Geschmacksrichtung, 5–6 Tropfen verschiedener Backöle, z. B. Bittermandelöl oder Vanillearoma verwenden (s. S. 186 ff).

Grundrezept für fettreduzierten Mürbeteig II

Ca. 40 Kekse oder als Tortenboden für eine Springform 24–28 cm

Zubereitung:

Das Weizenmehl mit Zucker, Salz und Backpulver in einer Schüssel vermengen. Quark und Margarine hinzufügen und alle Zutaten zuerst mit den Knethaken des Handrührgerätes, dann mit den Händen zügig zu einem glatten Teig verkneten und 30 Min. kalt stellen. Den Teig mit einem Nudelholz 5 mm dünn ausrollen, Plätzchen ausstechen, auf ein mit Backpapier ausgelegtes Backblech setzen oder eine Springform mit Teig auskleiden. Die Plätzchen vor dem Backen dünn mit Kondensmilch bestreichen. Bei 180 °C Heißluft bzw. 190 °C Ober- und Unterhitze 10–15 Min. backen.

Zutaten:

250 g Weizenmehl Type 1050
100 g Zucker
1 Prise Salz
1 TL Backpulver (5 g)
120 g Magerquark
60 g Diätmargarine
Backpapier
Kondensmilch 4 % Fett

Weiterverarbeitung zu Keksen/Plätzchen ab Seite 186.

Abwandlungen für Kekse und Plätzchen

Vanillekipferl (ca. 40 Stück)

Zutaten:

Grundrezept für fettreduzierten Mürbeteig I oder II (s. S. 184/185)

6 Tropfen Vanillearoma oder
1 Vanillestange (Mark)
80 g gemahlene Mandeln
1 Päckchen Vanillezucker
20 g Puderzucker
Backpapier

Zubereitung:

Basis:
Grundrezept für fettreduzierten Mürbeteig I oder II
Dem Magerquark des Grundrezeptes II Vanillearoma oder Mark aus der Vanillestange hinzufügen. Das Mehl mit gemahlenen Mandeln vermischen und wie im Grundrezept Mürbeteig I oder II beschrieben weiterverarbeiten.
Nach dem Kaltstellen, den Teig in daumendicke Rollen formen und ca. 2 cm lange Stücke abschneiden.
Die Teigstücke rollen, dass sie 5 cm lang und an den Seiten dünner sind, kleine Hörnchen formen und auf ein mit Backpapier ausgelegtes Backblech setzen.
Bei 190 °C Heißluft bzw. 200 °C Ober- und Unterhitze 10–12 Min. hellgelb backen. Vanillezucker mit Puderzucker vermischen, in ein Teesieb geben und die noch warmen Kipferl damit bestreuen.

Enthält pro Stück:

Mit Grundrezept I:	**Fett: 3,8 g**	**Cholesterin: 0 mg**	**BE: 1/2**
Mit Grundrezept II:	**Fett: 2,4 g**	**Cholesterin: 0 mg**	**BE: 1/2**

Schwarz-Weiß-Kekse (ca. 40 Stück)

Zubereitung:

Basis:
Grundrezept für fettreduzierten Mürbeteig I oder II

Den Grundteig in 2 gleich große Hälften trennen und in eine Hälfte das Kakaopulver kneten.
Beide Teighälften ausrollen. Ein Teigstück dünn mit Eiklar bestreichen, das zweite Teigstück darauf legen und ebenfalls dünn mit Eiklar bepinseln.
Beide Teigstücke zusammen aufrollen, 1 cm dünne Scheiben abschneiden und auf ein mit Backpapier belegtes Backblech setzen. Bei 180 °C Heißluft bzw. 190 °C Ober- und Unterhitze ca. 15 Min. backen.

Zutaten:

Grundrezept für fettreduzierten Mürbeteig I oder II (s. S. 184/185)

2 EL stark entöltes Kakaopulver
2 Eiklar
Backpapier

Enthält pro Stück:

Mit Grundrezept I:	**Fett: 3,0 g**	**Cholesterin: 0 mg**	**BE: 1/2**
Mit Grundrezept II:	**Fett: 1,6 g**	**Cholesterin: 0 mg**	**BE: 1/2**

Spekulatius (ca. 20 Stück)

Zubereitung:

Basis:
Grundrezept für fettreduzierten Mürbeteig I oder II

Den Teig herstellen und gehobelte Mandeln, Kardamom, Nelkenpulver, Zimt sowie Citro Back beifügen, zu einem glatten Teig kneten und ca. 30 Min. kalt stellen. Den Teig auf einer leicht bemehlten Arbeitsfläche ca. 3 mm dünn ausrollen, in die gewünschte Größe schneiden oder mit Formen ausstechen und auf ein mit Backpapier ausgelegtes Backblech setzen. Bei 200 °C Heißluft bzw. 220 °C Ober- und Unterhitze 12–15 Min. backen.

Zutaten:

Grundrezept für fettreduzierten Mürbeteig I oder II (s. S. 184/185)

50 g gehobelte Mandeln
2 Msp. Kardamom
2 Msp. Nelkenpulver
1/2 TL Zimt
1 TL Citro Back (oder abgeriebene Zitronenschale)
Mehl

Enthält pro Stück:

Mit Grundrezept I:	**Fett: 4,5 g**	**Cholesterin: 0 mg**	**BE: 1/2**
Mit Grundrezept II:	**Fett: 2,7 g**	**Cholesterin: 0 mg**	**BE: 1/2**

Orangen-Kekse (ca. 30 Stück)

Zutaten:

50 g Diätmargarine
100 g Zucker
1 Prise Jodsalz
1 unbehandelte Orange
100 g Möhren
120 g Weizenmehl Type 1050
100 g gemahlene Nüsse
Backpapier
30 g Aprikosenkonfitüre
1 EL heißes Wasser
20 g Haselnussblätter

Zubereitung:

Die Margarine mit Zucker und Jodsalz schaumig rühren. Eine Orange waschen, die Schale abreiben und unter die Margarine rühren. Möhren waschen, schälen und sehr fein raspeln (feines Möhrenmus). Zusammen mit Mehl und gemahlenen Nüssen zuerst mit den Knethaken des Handrührgerätes, dann zügig mit den Händen zu einem glatten Teig verkneten.
Den Teig zugedeckt im Kühlschrank ca. 1 Stunde oder 20–25 Min. im Tiefkühlfach kalt stellen. Danach auf einer leicht bemehlten Arbeitsfläche zu einer ca. 3 cm dicken Rolle formen und in 1,5 cm breite Scheiben schneiden. Auf ein mit Backpapier ausgelegtes Backblech legen. Aprikosenkonfitüre mit heißem Wasser verrühren und die Kekse damit bestreichen.
Mit Haselnussblättern dekorieren. Im vorgeheizten Backofen bei 160 °C Heißluft bzw. 180 °C Ober- und Unterhitze 12–15 Min. backen.
Auf einem Kuchengitter auskühlen lassen.

Enthält pro Stück: **Fett: 2,4 g** **Cholesterin: 0 mg** **BE: 1/2**
(1/4 BE, wenn statt Zucker 75 g Fruchtzucker verwendet wird)

Nusskekse hell-dunkel (ca. 40 Stück)

Zubereitung:

Die Margarine mit Quark und Zucker sehr schaumig rühren bis sich der Zucker aufgelöst hat. Jodsalz und Vanillezucker einrühren. Hirschhornsalz in kaltem Wasser auflösen und unterrühren. Mehl hinzufügen und alles zu einem glatten Teig zuerst mit den Knethaken und dann mit den Händen verkneten.
Den Teig halbieren. Unter die eine Hälfte 1 EL Mehl und unter die andere Hälfte Kakaopulver kneten.
Beide Teighälften jeweils zu 5 cm dicke Rollen formen, in Folie wickeln und 1 Stunde kühl stellen.
Die Teigrollen in 1 cm dünne Scheiben schneiden, zu Kugeln formen, auf ein mit Backpapier ausgelegtes Backblech setzen, mit dem Finger die Kugel etwas breit drücken und in jede Mitte eine Haselnuss oder eine Mandel setzen. Im vorgeheizten Backofen bei 180 °C Heißluft oder 200 °C Ober- und Unterhitze auf mittlerer Schiene 12–15 Min. backen.

Zutaten:

65 g Diätmargarine
120 g Magerquark
125 g Zucker
1 Prise Jodsalz
1 Packung Vanillezucker (10 g)
1 Msp. Hirschhornsalz
1 TL kaltes Wasser
250 g + 1 EL Weizenmehl Type 1050
12 g Kakaopulver, entölt (2 EL)
Backpapier
40 g ganze Haselnüsse oder
40 g geschälte Mandeln

Enthält pro Stück: **Fett: 2 g** **Cholesterin: 0 mg** **BE: 1/2**
(1/4 BE, wenn statt Zucker 90 g Fruchtzucker verwendet wird)

Kokosmakronen (ca. 40 Stück)
(nicht für Diabetiker geeignet)

Zutaten:

4 Eiweiß
1 TL Zitronensaft
200 g Zucker oder Puderzucker
200 g Kokosflocken
100 g Rosinen
Backpapier

Zubereitung:

Das Eiweiß mit sauberen Rührbesen des Handrührgerätes schlagen und dabei Zitronensaft hinzugeben sowie Zucker (Puderzucker) einrieseln lassen. So lange schlagen bis das Eiweiß steif geworden ist und sich der Zucker vollständig aufgelöst hat. Kokosflocken unter die Eiweißmasse heben. Nach Geschmack Rosinen hinzufügen und unterheben. Ein Backblech mit Backpapier auslegen und mit 2 Teelöffeln kleine Teighäufchen auf das Backpapier setzen. Im vorgeheizten Backofen bei 140 °C Heißluft bzw. 160 °C Ober- und Unterhitze 15–20 Min. backen.

Enthält pro Stück:	**Fett: 3 g**	**Cholesterin: 0 mg**	**BE: 1/2**

Haferflockenmakronen (ca. 40 Stück)
(nicht für Diabetiker geeignet)

Zutaten:

100 g Backpflaumen
50 g Trockenaprikosen
75 g Sonnenblumenkerne
4 Eiweiß
1 EL Zitronensaft
150 g Zucker oder Puderzucker
100 g zarte Haferflocken
50 g Weizenmehl Type 1050
1/2 TL Backpulver
Backpapier

Zubereitung:

Die Backpflaumen, die Trockenaprikosen und die Sonnenblumenkerne grob hacken. Eiweiß sehr steif schlagen und dabei Zitronensaft dazu geben sowie Zucker oder Puderzucker einrieseln lassen. So lange schlagen, bis sich der Zucker aufgelöst hat. Haferflocken mit Mehl und Backpulver vermengen.
Die Mehlmischung und das Trockenobst unter das Eiweiß heben. Ein Backblech mit Backpapier auslegen und mit 2 Teelöffeln kleine Teighäufchen darauf legen. Im vorgeheizten Backofen bei 160 °C Heißluft bzw. 180 °C Ober- und Unterhitze 15–20 Min. backen.

Enthält pro Stück:	**Fett: 1 g**	**Cholesterin: 0 mg**	**BE: 1/2**

Weihnachtliche Gewürzmakronen: Mischen Sie zum Mehl 1 TL gemahlenen Zimt, 1 Msp. Nelkenpulver sowie 1 Msp. Muskat. Sonst wie im obigen Rezept verfahren.

Haferspekulatius (ca. 50 Stück)

Zubereitung:

Das Ei-Ersatzpulver mit lauwarmen Wasser verrühren und 5 Min. quellen lassen. Nochmals umrühren. Margarine mit Zucker und Vanillezucker sowie Bittermandelöl schaumig rühren. Den Ei-Ersatz oder die Eier unterrühren, Mehl, Schmelzflocken, Backpulver, Spekulatiusgewürz und gemahlene Mandeln vermengen. Alle Zutaten mit den Händen zu einem glatten Teig verkneten. In Frischhaltefolie einwickeln und ca. 1 Stunde kalt stellen.
Die Arbeitsfläche mit Haferflocken bestreuen und den Teig darauf ca. 5 mm dünn ausrollen. Beliebige Formen ausstechen oder ausschneiden, auf ein mit Backpapier ausgelegtes Backblech setzen und mit Kondensmilch bestreichen. Bei 160 °C Heißluft oder 180 °C Ober- und Unterhitze (mittlerer Einschub) 8–10 Min. backen.

Zutaten:

100 g kernige Haferflocken
200 g Schmelz-/Instantflocken
2 Eier oder
25 g Ei-Ersatzpulver mit
80 ml lauwarmes Wasser
200 g Diätmargarine
250 g Zucker
1 Packung Vanillezucker
6 Tropfen Bittermandelöl
300 g Weizenmehl Type 1050
2 TL Backpulver
1 Packung Spekulatiusgewürz
100 g gemahlene Mandeln
Frischhaltefolie
Backpapier
2 EL Kondensmilch

Enthält pro Stück:

Mit Hühnerei:	**Fett: 5 g**	**Cholesterin: 13 mg**	**BE: 1**
		Statt Zucker 160 g Fruchtzucker verwenden	
Mit Ei-Ersatz:	**Fett: 5 g**	**Cholesterin: 0 mg**	**BE: 1**
		Statt Zucker 160 g Fruchtzucker verwenden	

Heiße Haferwecken (ca. 30 Stück)

Zutaten:

225 g Weizenmehl Type 1050
150 g zarte Haferflocken
1 Prise Jodsalz
2 TL gemahlener Zimt
1 Packung Trockenhefe
60 g Zucker
200 ml Buttermilch
60 g Diätmargarine
50 ml Kondensmilch 4 % Fett
50 g Rosinen oder Korinthen
Backpapier

Zubereitung:

Das Mehl mit zarten Haferflocken, Jodsalz, Zimt, Trockenhefe und Zucker in einer Rührschüssel vermengen. Die Buttermilch handwarm erhitzen (max. 40 °C) und die Margarine darin auflösen. Alle Zutaten zu einem glatten Teig verkneten. Den abgedeckten Teig 30–45 Minuten an einem warmen Ort (max. 40 °C) gehen lassen. Günstig ist es, den Backofen auf 50 °C vorzuheizen, den abgedeckten Teig hinein stellen und den Backofen auszuschalten. Anschließend Rosinen/Korinthen unterkneten. Den Teig so lange kneten bis er geschmeidig und weich ist. Kleine, etwa Handballen große, flache Wecken auf ein mit Backpapier ausgelegtes Backblech setzen. Bei 180 °C Heißluft bzw. 200 °C Ober- und Unterhitze 15–20 Min. backen. Die noch warmen Haferwecken dünn mit Kondensmilch bestreichen.

Enthält pro Stück:	**Fett: 5,6 g**	**Cholesterin: 1 mg**	**BE: 2,5**

Fruchtiger Quarkstollen (ca. 20 Scheiben)

Zubereitung:

Das Wasser mit Bittermandelöl verrühren. Trockenobst grob hacken und im Mandelwasser 20 Min. durchziehen lassen. Ei-Ersatzpulver mit lauwarmem Wasser verrühren und 5 Min. quellen lassen. Quark mit 150 g Margarine, Zucker und Vanillezucker in einer Schüssel schaumig rühren. Jodsalz und Zimt hinzufügen. Die abgeriebene Schale einer unbehandelten Zitrone sowie den Ei-Ersatz (oder das Ei) unterrühren. Mehl mit Speisestärke und Backpulver vermengen und auf die angerührte Masse sieben. Zuerst mit den Knethaken des Handrührgerätes, sodann mit den Händen alles zu einem glatten Teig kneten. Das eingeweichte Trockenobst ebenfalls unterkneten. Den Teig zu einem Brotlaib formen und eine Klarsichtfolie darüber legen. Mit einem Nudelholz in der Mitte eindrücken, die vordere Seite leicht ausrollen. Folie entfernen und das ausgerollte Teigstück über den restlichen Laib legen und festdrücken. Auf ein mit Backpapier ausgelegtes Backblech setzen und im vorgeheizten Backofen bei 160 °C Heißluft bzw. 175 °C Ober- und Unterhitze 55–65 Min. backen. Den noch heißen Stollen mit der restlichen Margarine bestreichen und Puderzucker darüber sieben. Vollständig auskühlen lassen.

Zutaten:

3 EL Wasser
1 TL Bittermandelöl
250 g Trockenobst
1 Ei oder
12 g Ei-Ersatzpulver mit
40 ml lauwarmem Wasser
250 g Magerquark
190 g Diätmargarine
150 g Zucker
1 Packung Vanillezucker
1/2 TL Jodsalz
1/2 TL Zimt, gemahlen
1 unbehandelte Zitrone (Schale)
350 g Weizenmehl Type 1050
100 g Speisestärke
4 TL Backpulver
20 g Puderzucker
Klarsichtfolie
Backpapier

Enthält pro Scheibe:

Mit Hühnerei:	**Fett: 8 g**	**Cholesterin: 16 mg**	**BE: 3**
Mit Ei-Ersatz:	**Fett: 8 g**	**Cholesterin: 1 mg**	**BE: 3**

Rosinenschnecken (ca. 20 Stück)

Zutaten:

siehe Quarkstollen (s. 193)

(als Trockenobst nur Rosinen verwenden)
125 g Puderzucker
2 EL Zitronensaft
2 El Kondensmilch 4 % Fett

Zubereitung:

Bereiten Sie den Teig wie beim Quarkstollen zu. Die Rosinen am besten nicht in den Teig einarbeiten. Den Teig auf einer leicht bemehlten Arbeitsfläche zu einem Rechteck (20 x 30 cm) ausrollen und die eingeweichten Rosinen auf die vordere Hälfte verteilen. Den Teig von dieser Seite aufrollen und 2–3 cm breite Scheiben abschneiden. Die Scheiben auf ein mit Backpapier ausgelegtes Backblech setzen (Platz lassen!) und mit Kondensmilch bestreichen. Im vorgeheizten Backofen bei 180 °C Heißluft bzw. 190 °C Ober- und Unterhitze (mittlerer Einschub) 20–25 Min. backen. Inzwischen Puderzucker mit Zitronensaft verrühren und die noch heißen Schnecken damit bestreichen (Pinsel).

Enthält pro Stück:

Mit Hühnerei:	**Fett: 6,8 g**	**Cholesterin: 16 mg**	**BE: 2,5 ohne Zuckerglasur**
Mit Ei-Ersatz:	**Fett: 6,8 g**	**Cholesterin: 1 mg**	**BE: 2,5 ohne Zuckerglasur**

Windbeutel (ca. 14 Stück)

Zutaten:

4 Eier oder
48 g Ei-Ersatzpulver mit
160 ml lauwarmem Wasser
150 g Weizenmehl Type 1050
1 Prise Jodsalz
1 TL Backpulver
50 g Diätmargarine
280 ml Wasser
Backpapier
1 Tasse Wasser
10 g Puderzucker

Zubereitung:

Das Ei-Ersatzpulver mit lauwarmem Wasser verrühren und ca. 5 Min. quellen lassen. Mehl mit Jodsalz und Backpulver vermengen. Margarine in einem Kochtopf mit 280 ml Wasser aufkochen und die Margarine dabei vollständig schmelzen lassen. Das Mehl auf einmal hinzufügen und mit einem Kochlöffel so lange rühren bis ein Kloß entstanden ist. Dann den Teigkloß abbrennen: d. h. so lange den Teig mit dem Kochlöffel „rühren", bis sich eine weißliche Schicht am Topfboden gebildet hat und sich der Kloß vom Topfboden löst (lieber länger als zu kurz rühren). Teig 4–5 Min. auskühlen lassen. Nun in 4 Portionen den Ei-Ersatz (oder die Eier) nach und nach unter den Teig rühren. Nach jeder Portion Ei-Ersatz (Ei) so lange rühren, bis es vollständig unter den Teig gearbeitet ist. Mit zwei Esslöffeln 14 Teighäufchen auf ein mit Backpapier ausgelegtes Backblech setzen (Platz lassen). Vor Backbeginn 1 Tasse Wasser auf den Backofenboden gießen (treibt die Windbeutel nach oben). Im vorgeheizten Backofen bei 180 °C Heißluft bzw. 200 °C Ober- und Unterhitze (mittlerer Einschub) 35–40 Min. backen. Den Deckel der noch heißen Windbeutel mit einer Schere abschneiden. Die Windbeutel auf einem Kuchengitter auskühlen lassen. Mit einer Creme nach Wahl (s. S. 196) füllen, den Deckel darauf setzen und mit Puderzucker bestreuen.

Nährwerte variieren je nach Füllung, s. S. 196.

Füllungen für Windbeutel

Vanillecreme

Zutaten:

1/2 Vanilleschote (Mark)
600 ml Milch 1,5 % Fett
60 g Vanillepuddingpulver
50 g Zucker
oder 1 TL Süßstoff

Zubereitung:

Die Vanilleschote längs halbieren und das Mark herauskratzen. 500 ml Milch zusammen mit dem Mark und der Vanilleschote aufkochen. Puddingpulver in 100 ml Milch glatt rühren und unter Rühren mit dem Schneebesen in die kochende Milch fließen lassen, einmal aufkochen, vom Herd nehmen und 1 Min. ausquellen lassen. Süßen mit Zucker/Süßstoff. Unter gelegentlichem Umrühren vollständig auskühlen lassen.

Zitronencreme

Nehmen Sie das obige Rezept Vanillecreme und verwenden Sie statt Vanilleschote den Saft einer Zitrone. Den Zitronensaft jedoch zusammen mit dem Zucker unter die Creme rühren.

Enthält pro Stück mit Vanille- oder Zitronencreme:

Mit Hühnerei:	**Fett: 5,5 g**	**Cholesterin: 92 mg**	**BE: 1**
Mit Ei-Ersatz:	**Fett: 5 g**	**Cholesterin: 3 mg**	**BE: 1**

Schokoladencreme

Verwenden Sie das Rezept Vanillecreme. Statt Vanillepuddingpulver die gleiche Menge Schokoladenpuddingpulver verwenden und zusammen mit 10 g Kakaopulver (entölt) in der Milch glatt rühren. Die Vanilleschote fällt weg.

Enthält pro Stück:

Mit Hühnerei:	**Fett: 5,5 g**	**Cholesterin: 92 mg**	**BE: 1**
Mit Ei-Ersatz:	**Fett: 5 g**	**Cholesterin: 3 mg**	**BE: 1**

Grundrezept Hefeteig (1 Blech ≙ 20 Stück)

Zubereitung:

Den Backofen auf 50 °C vorheizen und einen Kochlöffel zwischen die Backofentür klemmen. Das Mehl mit Hefe und Zucker in einer Rührschüssel vermengen. Milch und Margarine in einem Kochtopf erwärmen und die Margarine vollständig schmelzen lassen. Die Milch darf nur handwarm (max. 40 °C) sein. Die Milch mit dem Mehl zu einem glatten Teig verkneten (zuerst mit dem Kochlöffel, sodann mit den Händen).
Den Teig in der Rührschüssel mit einem sauberen Geschirrhandtuch abdecken und im vorbereiteten Backofen ca. 25 Min. gehen lassen.
Anschließend so lange durchkneten bis der Teig hell, weich und elastisch geworden ist (ca. 5 Min.).
Den Teig auf einer leicht bemehlten Arbeitsfläche ausrollen und auf ein mit Backpapier ausgelegtes Backblech legen, mit dem Handballen den Teig gleichmäßig verteilen. Nochmals 10 Min. im lauwarmen Ofen gehen lassen.

Zutaten:

500 g Weizenmehl Type 1050
1 Packung Trockenhefe
60 g Zucker
280 ml Milch 1,5 % Fett
40 g Diätmargarine

Variationen für Hefeteig

Apfelkuchen (ca. 20 Stück)

Zubereitung:

1 Grundrezept Hefeteig.
Die Äpfel waschen, schälen, vierteln und das Kerngehäuse entfernen. Die Apfelviertel nochmals dritteln. Den Kuchen damit gleichmäßig belegen. Zucker mit Zimt vermengen und den Kuchen damit bestreuen. Bei 180 °C Heißluft oder 200 °C Ober- und Unterhitze ca. 30 Min. backen. Aprikosenkonfitüre mit heißem Wasser verrühren und den noch heißen Kuchen damit bestreichen. Völlig auskühlen lassen.

Zutaten:

1 Grundrezept Hefeteig

1 kg Äpfel (Boskop oder Elstar)
Backpapier
40 g Zucker
2 TL Zimt, gemahlen
40 g Aprikosenkonfitüre
1 EL heißem Wasser

Enthält pro Stück: **Fett: 2,5 g** **Cholesterin: 1 mg** **BE: 2,5**

Pflaumenkuchen (ca. 20 Stück)

Zutaten:
Grundrezept Hefeteig
1,5 kg frische Pflaumen/ Zwetschen oder
1,5 kg Pflaumen (Glas, ungezuckert)

Zubereitung:

Die Pflaumen/Zwetschen waschen, halbieren und entkernen oder Pflaumen aus dem Glas, gut abgetropft (ohne Saft). Den vorbereiteten Hefeteig (s. S. 197) mit den Pflaumen (Schale nach unten) belegen und weiter verfahren wie beim Apfelkuchen (s. S. 197).

Enthält pro Stück:	**Fett: 2,4 g**	**Cholesterin: 1 mg**	**BE: 2,5**

Pflaumen-Aprikosen-Kuchen (ca. 20 Stück)

Zutaten:
Grundrezept Hefeteig
750 g frische Pflaumen
500 g frische Aprikosen

Zubereitung:

Die Pflaumen und Aprikosen waschen, halbieren und entkernen. Den Hefeteig (s. S. 197) mit den Pflaumen und Aprikosen belegen (Schale nach unten), beliebige Muster damit formen und weiter verfahren wie beim Apfelkuchen (s. S. 197).

Enthält pro Stück:	**Fett: 2,3 g**	**Cholesterin: 1 mg**	**BE: 2,5**

Tortenguss

Zutaten:

400 ml Apfel- oder Pflaumensaft
8 g Johannisbrotkernmehl
Zucker oder Süßstoff
gemahlenen Zimt

Zubereitung:

Den entsprechenden Fruchtsaft aufkochen, 8 Messlöffel (8 g) Johannisbrotkernmehl (s. S. 28) einstreuen und umrühren, 3 Min. quellen lassen, mit Zucker oder Süßstoff sowie Zimt abschmecken. Auf den ausgekühlten Kuchen streichen und fest werden lassen (s. S. 197f).

Sahneersatz:
500 g Magerquark mit 100 ml Mineralwasser und 10 g Vanillezucker cremig rühren. Im Supermarkt erhalten Sie auch Schlagcremepulver, das mit frischer Milch (1,5 % Fett) aufgeschlagen, eine fettarme Alternative zu Schlagsahne ist.

Mohnzopf (ca. 20 Scheiben)

Zutaten:

Grundrezept Hefeteig

1 Pckg Vanillezucker
1 unbehandelten Zitrone (Schale)
100 g gemahlene Mandeln
50 ml Kondensmilch 4 % Fett
100 g Mohn
Backpapier

Zubereitung:

Das Grundrezept Hefeteig zubereiten. Während der Zubereitung des Teiges geben Sie dem Mehl neben dem Zucker auch den Vanillezucker sowie die Zitronenschale hinzu. Nach der ersten Gehzeit kräftig durchkneten. Dabei die gemahlenen Mandeln unterkneten. Den Teig in 3 gleiche Stücke teilen und diese jeweils zu 25–30 cm langen Rollen formen. Backpapier auf Blechgröße zuschneiden. Alle 3 Rollen nebeneinander auf das Backpapier legen, die oberen Enden aufeinanderdrücken, mit den Teigrollen einen Zopf flechten, leicht aufeinander drücken und mit der Kondensmilch bestreichen. Anschließend mit Mohn bestreuen.
Mit Hilfe des Backpapiers den Zopf auf das Backblech legen. Bei 180 °C Heißluft oder 190 °C Ober- und Unterhitze (mittlerer Einschub) ca. 45 Min. backen sowie 10 Min. im ausgeschalteten Backofen ruhen und auf einem Kuchengitter auskühlen lassen.

Enthält pro Scheibe:	**Fett: 7 g**	**Cholesterin: 1 mg**	**BE: 2**

Abwandlung als Kranz
Teig nur in 2 gleich große Stücke teilen, diese zu ca. 30 cm lange Rollen formen, ineinander verdrehen und zu einem Kranz zusammen legen. Weiterverfahren wie beim Zopf.

Mandelstollen (ca. 20 Scheiben)

Zutaten:

500 g Weizenmehl Type 1050
1 Packung Trockenhefe
60 g Zucker
10 g Vanillezucker
1 Prise Jodsalz
1 TL geriebene Zitronenschale (z. B. Citro-Back)
280 ml Milch 1,5 % Fett
6 Tropfen Backöl Zitrone
6 Tropfen Backöl Bittermandel
1 Msp. Kardamom
1 Msp. geriebene Muskatnuss
3 EL Oliven- oder Rapsöl
150 g Rosinen
100 g gemahlene Mandeln
100 g Zitronat/Sukkade
10 g Puderzucker
Backpapier

Zubereitung:

Das Mehl, Hefe, Zucker, Vanillezucker, Jodsalz und Zitronenschale in einer Rührschüssel vermengen. Milch erwärmen (handwarm, max. 40 °C), Backöle, Kardamom und Muskat unter die Milch rühren. Die Milch zur Mehlmischung geben und mit den Knethaken des Handrührgerätes zu einem glatten Teig verarbeiten. 30 Minuten an einem warmen Ort (max. 40 °C) gehen lassen. Öl, Rosinen, Mandeln und Zitronat/Sukkade unter den Teig kneten und 3 Min. mit den Händen kräftig durchkneten, zu einem Laib formen und mit einem Stab kräftig in der Mitte eindrücken. Eine der entstandenen Hälften mit einem Nudelholz nach außen hin flach ausrollen. Das flachgerollte Teigstück nach oben klappen und festdrücken. Den Laib auf ein mit Backpapier ausgelegtes Backblech setzen und in den kalten Backofen schieben. Bei 170 °C Heißluft bzw. 180 °C Ober- und Unterhitze ca. 50 Min. backen. (Garprobe: der Stollen sollte sich beim draufklopfen hohl anhören).
Puderzucker auf den noch warmen Stollen streuen.

Enthält pro Scheibe: **Fett: 5 g** **Cholesterin: 1 mg** **BE: 2,5**

Variation:

Mandelzopf/-kranz (ca. 20 Scheiben)

Zubereitung:

Bereiten Sie den Hefeteig wie im Rezept Mandelstollen, jedoch ohne Zitronat/Sukkade, Kardamom und Muskatnuss zu (s. S. 200).
Nach dem kräftigen Durchkneten, teilen Sie den Teig für den Zopf in 3 gleiche Stücke und formen diese zu 25–30 cm lange Rollen. Backpapier auf Backblechgröße zuschneiden, die Rollen auf das Backpapier nebeneinander legen und einen Zopf daraus flechten. Mit Kondensmilch bestreichen und mit Mandelblättchen bestreuen. Im vorgeheizten Backofen bei 170 °C Heißluft bzw. 180 °C Ober- und Unterhitze (mittlerer Einschub) 50–60 Min. backen, 10 Min. im Backofen ruhen und anschließend auf einem Kuchengitter auskühlen lassen.

Zutaten:

Hefeteig (ähnlich Rezept Mandelstollen)
20 ml Kondensmilch 4 % Fett
50 g Mandelblättchen
Backpapier

Für den Kranz den Teig in zwei gleiche Stücke teilen und 35 cm lange Rollen formen, diese umeinander drehen und zu einem Kranz zusammenlegen. Weiter verfahren wie beim Zopf.

Enthält pro Scheibe:	**Fett: 6,4 g**	**Cholesterin: 1 mg**	**BE: 2**

Beerenfruchttorte (mit Ei-Ersatz) (ca. 12 Stück)

Hinweis:
Öle sind in Gramm angegeben und müssen daher gewogen werden. Den Backofen auf 180 °C Ober- und Unterhitze vorheizen.

Zutaten:

90 ml Mineralwasser
28 g Ei-Ersatzpulver
80 g Zucker
1 Packung Vanillezucker
2 TL geriebene Zitronenschale
120 g Weizenmehl Type 1050
2 gestrichene TL Backpulver
25 g Oliven- oder Rapsöl
40 ml Orangensaft
80 ml Mineralwasser
Backpapier

Zubereitung:

Mineralwasser handwarm erhitzen, mit Ei-Ersatzpulver in einer kleinen Schale verrühren und 5 Min. quellen lassen. Nochmals verrühren und in einer Schüssel mit den Rührbesen des Handrührgerätes schaumig schlagen. Dabei sofort Zucker und Vanillezucker einrieseln lassen. Insgesamt 5 Min. schaumig schlagen. Zitronenschale unterrühren, Mehl mit Backpulver vermischen, auf die Eimasse sieben (Haarsieb) und mit einem Schneebesen verrühren. Öl, Orangensaft und Mineralwasser unter die Masse rühren. Es entsteht ein zähflüssiger Teig. Backpapier auf den Boden einer Springform 26 cm legen, mit dem Springformrand einklemmen, so dass nur der Boden der Springform mit Backpapier ausgelegt ist. Das überstehende Backpapier großzügig abschneiden. Den Teig in die Springform gießen, mit einem Teigschaber glattstreichen und auf der mittleren Einschubleiste 15 Min. backen. Mit einem Messer am Rand des noch heißen Tortenboden entlang schneiden und den Springformrand ablösen. Sofort ein Kuchengitter auf den Tortenboden legen, alles umdrehen und den Springformboden sowie das Backpapier ablösen (das Backpapier lässt sich besser abziehen, wenn es mit wenig Wasser eingepinselt ist). Tortenboden gut abkühlen lassen.

Belag

Zubereitung:

Gelatine bedeckt mit kaltem Wasser in einer Chromaganschüssel 5 Min. einweichen. Inzwischen die Quarkmasse zubereiten. Quark mit Joghurt, Mineralwasser, Zitronensaft und Vanillemark mit den Rührbesen des Handrührgerätes cremig rühren. Einige Beeren für die Garnitur auf die Seite legen und die Früchte in die Quarkmasse rühren (Schneebesen). Abschmecken mit Zucker/Süßstoff, Zitronensaft und/oder Vanillemark. Einen Kochtopf mit Wasser erhitzen (nicht kochen). Die Gelatine kräftig ausdrücken, Chromaganschüssel mit der Gelatine ins Wasserbad halten und Gelatine unter Rühren auflösen. Etwa 1/4 der Quarkmasse in die aufgelöste Gelatine rühren (Temperaturausgleich). Gelatinemasse und Quarkmasse miteinander verrühren. Abgekühlten Tortenboden in die Springform geben, den Rand verschließen, Quarkmasse einfüllen, glatt streichen und 2 Stunden kalt stellen. Danach mit Früchten garnieren.

Zutaten:

12 Blatt weiße Gelatine (24 g)
kaltes Wasser
500 g Magerquark
150 g Magermilchjoghurt
100 ml Mineralwasser
1 EL Zitronensaft
1/2 Vanilleschote (Mark)
50 g Zucker
(oder 1 EL Süßstoff)
500 g Beerenfrüchte

Enthält pro Stück: **Fett: 3,5 g** **Cholesterin: 1 mg** **BE: 1,5** (Belag mit Süßstoff)

Kirsch-Quark-Torte (ca. 16 Stück)

Zutaten:

250 g Weizenmehl Type 1050
1 TL Backpulver
60 g Zucker
(oder 1 1/2 TL Süßstoff)
120 g Magerquark
60 g Diätmargarine
1 TL geriebene Zitronenschale
1/2 TL Öl
Frischhaltefolie

Zubereitung:

Das Mehl mit Backpulver in einer Rührschüssel vermengen. Zucker/Süßstoff, Quark, Margarine und Zitronenschale hinzufügen. Zuerst mit den Knethaken des Handrührgerätes, dann mit den Händen alles zu einem glatten Teig verkneten. In Folie einwickeln und 30 Minuten kalt stellen. Den Teig auf einer leicht bemehlten Arbeitsfläche ausrollen (30 x 30 cm).
Den Boden einer Springform 28 cm mit Öl einpinseln und mit dem Teig auslegen sowie einen 1 cm hohen Rand formen. Den Teig mit einer Gabel mehrmals einstechen und im vorgeheizten Backofen bei 200 °C Heißluft oder 180 °C Ober- und Unterhitze (mittlerer Einschub) 15–20 Min. backen. In der Springform auskühlen lassen. Inzwischen den Belag herstellen.

Belag

Zubereitung:

Die Kirschen waschen, entsteinen und für die Garnitur einige zur Seite legen (die Kirschen aus dem Glas gut abtropfen lassen). Gelatine mit kaltem Wasser bedeckt 5 Min. einweichen. Quark, Joghurt, Zitronensaft und Zucker/Süßstoff mit dem Handrührgerät (Rührbesen) cremig rühren. Abschmecken mit Zucker/Süßstoff und Zitronensaft. Gelatine ausdrücken und in einem heißen Wasserbad auflösen. Dann 1/4 der Quarkmasse in die aufgelöste Gelatine rühren und anschließend die Gelatinemasse in die Quarkmasse rühren. Kirschen auf dem Tortenboden verteilen und die Quarkmasse darüber gießen. Mit einer Teigkarte glatt streichen und 3 Stunden kalt stellen. Zum Schluss mit Kirschen und Zitronenmelisse garnieren.

Zutaten:

500 g frische Kirschen (oder Glas)
12 Blatt weiße Gelatine (24 g)
750 g Magerquark
300 g Magermilchjoghurt
2 EL Zitronensaft
70 g Zucker (oder 1 EL Süßstoff)
Zitronensaft
Zitronenmelisse

Enthält pro Stück: **Fett: 3,5 g** **Cholesterin: 1 mg** **BE: 2** (Belag mit Süßstoff)

Abwandlung der Torten:

Obst: Sie können sämtliche Beerenfrüchte einzeln, z. B. nur Erdbeeren oder in gemischter Form (tiefgefrorenes Beerenmix) verwenden. Am besten eignen sich kräftig schmeckende Obstsorten wie Kirschen, Beerenfrüchte oder Pfirsich. Ungeeignet sind frische Ananas oder Kiwi, da sie ein aktives Enzym enthalten, das die Gelatinebindung zerstört. Die Quarkmasse wird nicht fest und der Geschmack bitter.

Gewürze: Nehmen Sie zu Kirschen etwas Zimt oder ersetzen Sie Zitronensaft durch Orangensaft.

Gelatine: Wenn Sie statt Blattgelatine nur Pulvergelatine verwenden, beachten Sie bitte die Herstellerangaben auf der Verpackung. Rote Gelatine gibt Ihrer Torte eine andere Farbe.

Literatur

Biesalski, H.: Ernährungsmedizin, Thieme, Stuttgart 1995

Cooper R. K, L. Cooper: Fettarm Leben, Bechtermünz, Augsburg 2000

Deutsche Gesellschaft für Ernährung, Österreichische Gesellschaft für Ernährung und Schweizerische Gesellschaft für Ernährung (Hrsg.): Referenzwerte für die Nährstoffzufuhr, Umschau/Braus 2000

Diel, A.: Reversing coronary heart disease. In: Temple, N., Burkitt, D., editors. Western diseases – their dietary prevention and reversibility. 1994: 237–316

Ellrott, T., V. Pudel: Adipositastherapie, Thieme, Stuttgart 1997

Ellrott, T., B. Ellrott: Fettfalle Supermarkt, Umschau/Braus, Frankfurt am Main 2002

Elmadfa, I.: Die große GU-Nährwerttabelle 2003/04, Gräfe und Unzer, München 2003

Fachzeitschrift Ernährungsumschau, Jahrgang 2000–12/03

Kalorien mundgerecht, Umschau/Braus, 12. Auflage 2003

Kasper, H.: Ernährungsmedizin und Diätetik, Urban uns Schwarzenberg, München 1996

Kolenda, K.-D.: Ernährungstherapie bei der Rehabilitation von Patienten mit koronarer Herzkrankheit – Grundlagen und Richtlinien, intern. prax. 1997; 37: 701–720

Kolenda, K.-D., M. J. Müller: Änderung des Lebensstils als Grundlage einer erfolgreichen Adipositas-Behandlung, intern. prax. 2000; 40: 283–293

Kolenda, K.-D.: Diagnose Adipositas: Abnehmen – aber wie? Vorstellung eines neuen Therapiekonzepts. Schleswig-Holsteinisches Ärzteblatt 7/2008; 61: 65–73

Müller, M. J., et al.: Nährstoffaufnahme bei fettarmen Diäten in der Rehabilitation von Patienten mit koronarer Herzkrankheit, Z. Kardiol. 2000; 89: 454–463

Ornish, D., et al.: Die Ornish-Herz-Diät, Kreutz, Stuttgart 1993

Ornish, D., et al.: Can lifestyle changes reverse coronary heart disease? The lifestyle Heart Trial, Lancet 1990; 336: 129–134

Ornish, D., et al.: Intensive lifestyle changes for reversal coronary heart disease, JAMA 1998; 280: 2001–2007

Schusdziarra, V., M. Hausmann: Satt essen und abnehmen. Individuelle Ernährungsumstellung ohne Diät. MMJ – Der Wissensverlag; Neu-Isenburg 2008

Autoreninfo

Prof. Dr. med. Klaus Dieter Kolenda, Jahrgang 1941, war bis 2006 Chefarzt der Ostseeklinik Schönberg-Holm. Er ist Facharzt für Innere Medizin, Physikalische und Rehabilitative Medizin und Vorsitzender der Landesarbeitsgemeinschaft Herz und Kreislauf Schleswig Holstein e.V.

Sylvia Schuch (rechts), Jahrgang 1967, ist Diätassistentin in der Ostseeklinik Schönberg-Holm, wo sie Patienten in Seminaren, Einzelberatungen und in der Lehrküche berät und schult. Außerdem ist sie Referentin der Landesarbeitsgemeinschaft Herz und Kreislauf in Schleswig Holstein e.V.

Tina Raschke (links), Jahrgang 1976, ist ebenfalls Diätassistentin in der Ostseeklinik Schönberg-Holm.

Abkürzungen

TL = 1 Teelöffel
EL = Esslöffel
ML = Messlöffel
Stck. = Stück
Sch. = Scheibe
Bd. = Bund
Pckg = Packung
Pck. = Päckchen
Msp. = Messerspitze
Pr. = Prise
ml = Milliliter
l = Liter
g = Gramm
kg = Kilogramm
BE = Broteinheiten
Kcal = Kilokalorien
i. Tr. = in Trockenmasse
gestr. = gestrichen
geh. = gehäuft
gem. = gemahlen
verst. = versteckter

Register

Prof. Dr. troph. Michael Hamm • Dirk Neuberger

Omega-3 aktiv

Gesundheit aus dem Meer

2., aktualisierte Auflage

- Wertvoll in jedem Lebensabschnitt
- Die besten Quellen der Omega-3-Fettsäuren EPA und DHA
- Und warum sie vielen Menschen helfen können

96 Seiten, 78 Farbfotos
15,5 x 21,0 cm, Klappenbroschur
ISBN 978-3-89993-552-3
€ 9,90

„Omega-3-Fettsäuren gehören zu den lebensnotwendigen mehrfach ungesättigten Fettsäuren und können in jedem Alter unsere Gesundheit schützen. Jetzt haben die Ernährungswissenschaftler Michael Hamm und Dirk Neuberger die aktuellen wissenschaftlichen Erkenntnisse zu diesen wertvollen Nährstoffen in einem informativen und leicht verständlichen Ratgeber zusammengefasst. […] Dazu gibt es eine Menge praxisnaher Ernährungstipps." *Herz im Dialog*

Dipl. oec. troph. Peter Faulstich

Mein Weg zum Wohlfühlgewicht

Die Lust am leichteren Leben

2., aktualisierte Auflage

Schluss mit Kalorien zählen, Jojo-Effekt und schlechtem Gewissen:

- Stoffwechselaktive Vollwertkost mit über 200 Rezepten
- Mit Motivationstraining den emotionalen Hunger im Griff
- Heilfasten – der ideale Einstieg zu einem veränderten Lebensstil

360 Seiten, 172 Farbfotos, 21 Abbildungen, 44 Tabellen
17,0 x 24,0 cm, Hardcover
ISBN 978-3-89993-566-0
€ 24,90

Peter Faulstich hilft ein neues Verständnis für den eigenen Körper zu entwickeln. Sein ganzheitliches Lebens- und Ernährungskonzept betrachtet den Menschen in seiner Einheit von Körper, Geist und Seele.

„Menschen, die bereit sind, sich mit ihrem Essverhalten auseinanderzusetzen, erhalten mit dem ganzheitlichen Ratgeber umfangreiche Hintergrundinformationen zu Ernährung und Gesundheit sowie praktische Anregungen zum Abnehmen." *UGB-Forum (Verein für Unabhängige Gesundheitsberatung Europa)*

Stand September 2009. Änderungen vorbehalten.

schlütersche

Dr. med. Ramon Martinez

Bluthochdruck selbst senken in 10 Wochen

Selbsthilfeprogramm für Betroffene

Mit ausführlichen Informationen zu allen wichtigen Aspekten des Bluthochdrucks

116 Seiten, 61 Farbfotos und Grafiken
15,5 x 21,0 cm, Klappenbroschur
ISBN 978-3-89993-568-4
€ 12,90

Ein Selbsthilfeprogramm zur Blutdrucksenkung ohne Medikamente!

Schritt für Schritt hilft Ihnen dieser Ratgeber, Ihren Blutdruck maßgeblich und völlig ohne Nebenwirkungen selbst zu senken – entweder ganz ohne Medikamente oder mit weniger Medikation. Alle Methoden sind wissenschaftlich gesichert und in der Fachwelt anerkannt. Nebenbei steigern Sie Woche für Woche Ihre allgemeine Fitness, Gesundheit und Vitalität.

Sven-David Müller • Christiane Weißenberger

Ernährungsratgeber Bluthochdruck

Genießen erlaubt:

- Über 60 leckere Rezepte – herzhaft und süß
- Alle Rezepte mit Kalorien-, Nährstoff-, Natrium-, Kalium- und Magnesiumwerten pro Portion
- Mit Tipps für das tägliche Leben und Musterplänen

132 Seiten, 114 Farbfotos
15,5 x 21,0 cm, Klappenbroschur
ISBN 978-3-89993-574-5
€ 12,90

Die Ernährung spielt eine besonders wichtige Rolle bei der Vorbeugung und Therapie des Bluthochdrucks. Doch auch mit Bluthochdruck dürfen Sie Herzhaftes und Süßes genießen!

Dieser Ernährungsratgeber informiert ausführlich über die Krankheit und die Behandlungsmöglichkeiten. Viele praktische Tipps helfen Ihnen dabei, Ihre Ernährung umzustellen und regen zum kreativen Kochen an. Die würzigen Rezepte mit wenig Salz reichen vom Frühstück bis zum Abendessen. Mit ausgewählten Zutaten und Gewürzen, die überall erhältlich sind.

schlütersche

Stand September 2009. Änderungen vorbehalten.